AF716245

rororo

Zu diesem Buch: Wer je in seinem Leben eine tief greifende Existenzkrise durchgemacht hat, erinnert sich vielleicht: Die Wende zum Besseren trat genau in jener Phase ein, da man aufgehört hatte zu kämpfen. Aufhören mit sinnlosem Kämpfen, leben im Augenblick, sich nach dem Fluss des Lebens richten – das bedeutet *wu wei.* Wörtlich übersetzt heißt es etwa «Nichtstun», «Nichthandeln». Damit wird keinesfalls gesagt, man solle träge, entschlusslos oder lässig sein, sondern *wu wei* bedeutet, wir sollten in unseren Entscheidungen nicht gegen unsere innere Autorität, eben das Tao, handeln. *Wu wei* ist die Kunst, zum richtigen Zeitpunkt das Richtige zu tun. Dieses Buch gibt eine Einführung in die praktische Anwendung der Lebensphilosophie des Tao. Inzwischen liegen vom gleichen Autor vor: «Reife – der Schlüssel zum Glück» (Nr. 19988), «Lass dich vom Tao leben» (Nr. 60699) und «Yu wei» (Nr. 62137).

Theo Fischer

Wu wei

Die Lebenskunst des Tao

Rowohlt Taschenbuch Verlag

24. Auflage Juni 2026
Veröffentlicht im Rowohlt Taschenbuch Verlag
Rowohlt Verlag GmbH, Kirchenallee 19, 20099 Hamburg

Neuausgabe Januar 2005
Zuerst veröffentlicht im Rowohlt Taschenbuch Verlag,
Reinbek bei Hamburg, Juni 1992

Umschlaggestaltung
ZERO Werbeagentur, München
(Foto: photonica)
Satz Centennial PostScript bei CPI books GmbH, Leck
Druck und Bindung CPI books GmbH, Leck
ISBN 978-3-499-61980-9

Kontaktadresse nach EU-Produktsicherheitsverordnung:
produktsicherheit@rowohlt.de

Inhalt

Es gibt ein Lernen, das uns verstehen lässt, was wir sind. Aus diesem Verständnis entsteht eine völlig neue Art des Handelns:

wu wei.

Das heißt handeln durch Nichteingreifen, durch Geschehenlassen. Es ist die Fähigkeit, das Steuer des Lebens jener Macht zu überlassen, die eine Dimension von uns selbst ist und die Laotse einst das Tao genannt hat.

Vorwort

Liebe Leserin, lieber Leser,

erwarten Sie von diesem Buch bitte keinen geschichtlichen Rückblick auf die Ursprünge des Taoismus. So viel sei gesagt, er stammt aus China und findet sich heute noch mit großen Teilen seiner Substanz im japanischen Zen-Buddhismus wieder, allerdings nicht mehr in seiner ursprünglichen, unkomplizierten Form. Wenn Sie sich für die Historie des Tao interessieren, können Sie dies in den Werken etlicher Autoren nachlesen (ich habe sie im Anhang aufgeführt). Auch die Übersetzungen der Texte von Laotse und Dschuang Dsi liefern eine Fülle von Wissen über Bedeutung und geistigen Gehalt des Tao. Ich will Ihnen in den folgenden Kapiteln die Essenz des Tao vermitteln, nämlich die Lebenspraxis. Wohl oder übel muss ich dabei ein Tabu verletzen, an das sich bis heute alle Meister des Tao gehalten haben: über den Nutzen berichten, der mit einem Leben im Geiste des Tao verbunden ist. Diese Zurückhaltung dürfte wohl die Hauptursache sein, dass diese jahrtausendealte östliche Weisheit noch keinen Einzug in unseren Alltag gehalten hat. Auf der anderen Seite hatte das Verschweigen der hochgradigen Nützlichkeit dieser Lebensform seinen Grund in der Problematik, dass sein Befolgen motivlos, ohne Erwartung einer Belohnung und ohne einen bestimmten Zweck erfolgen muss, soll sie funktionieren. Das ist überhaupt die einzige beziehungsweise eine der ganz wenigen Bedingungen, die an das Gelingen geknüpft sind. Es ist kein Glaube an irgendetwas dazu notwendig, es wird Ihnen keine Religion aufgezwungen, Tao ist schiere Lebensweisheit. Wenn ich an dieser Stelle Tao kurz zu definieren versuche, möchte ich es so formulieren: Tao ist eine Dimension von Ihnen und mir. Sie ist dem Denken nicht zugänglich, sie kann aber sehr wohl gelebt und an jedem von uns verwirklicht werden.

Die Kunst des Nichthandelns

Unser heutiges Dasein ist an eine Unzahl Bedingungen geknüpft. Scheinbar sind wir frei, aber tief im Innern spüren wir, dass diese Freiheit ein Trugschluss ist, dass wir an allen Ecken und Enden gebunden sind: an die Spielregeln der Gesellschaft, an die Voreingenommenheit unserer Rasse oder Nation oder der Bildungsschicht, der wir angehören. Vielleicht haben wir uns an einen Partner gebunden, oder wir sind beruflich oder religiös in irgendeiner Form hoffnungslos eingeschlossen. Der menschliche Alltag ist seit Jahrtausenden durchsetzt mit Bedrängnis, Sorgen, Nöten, Krankheit und Elend. Selbst dort, wo anscheinend die Welt in Ordnung ist, gibt es Probleme, ja, die Probleme sind trotz des zeitweilig im Leben herrschenden Sonnenscheins in der Regel überwältigend. Sie und ich bilden darin kaum eine Ausnahme. Wenn nun jemand an Sie heranträte mit der kühnen Behauptung, Sie könnten alle Schwierigkeiten und Engpässe des Lebens beseitigen, allein dadurch, dass Sie lernten, ausschließlich in der Gegenwart zu leben und Ihren Problemen wach und aufmerksam ins Auge zu sehen? Spontan würden Sie das als Unsinn abtun, es in einen Bereich außerhalb der Realität verweisen. Mit dem Verweisen aus der Realität hätten Sie zum Teil sogar Recht, und zwar Verweisen aus *Ihrer* Realität, denn das, was Sie für Realität halten, hat keinerlei Bezug zur objektiven Wirklichkeit. Unser Leben verläuft nach einem selbst geschaffenen Denkmodell, in dem sich die Summe unserer gemachten oder angelernten Erfahrung manifestiert.

Jeder Vorgang um uns her wird nach den Gesichtspunkten dieses Denkmodells verglichen und analysiert. Erst wenn Sie begreifen, dass die Art, wie Sie die Welt und Ihre Existenz beurteilen, voreingenommen und vollkommen falsch ist, werden Sie aufnahmefähig für die große Weisheit des Lebens im Fluss des Tao. Was dies in der Praxis bedeutet, soll Ihnen in der Folge ganz deutlich erklärt werden. Geniale Lösungen bestechen in der Regel durch ihre Einfachheit. Die vorgeschlagene Lösung all unserer Lebensprobleme hört sich sehr schlicht an, sodass es scheinen mag, dahinter stünden weder Energie noch Wirksamkeit, aber dieser Eindruck täuscht. Das Schöne am Tao ist, dass man nichts glauben muss, keine obskuren Übungen vorgeschrieben sind, keine strengen Moralvorschriften vor dem Erfolg stehen, sondern dass Tao gelebt wird und Sie die gewaltige Wirkung auf einfachste Weise erfahren können – indem Sie es ausprobieren.

Gestatten Sie, dass ich Ihnen kurz chinesisch komme: WU WEI. In diesen beiden Silben ist das ganze Geheimnis der Lebenskunst des Tao enthalten. Wörtlich übersetzt bedeutet es in etwa «Nichtstun», «Nichthandeln». Damit wird keinesfalls gesagt, man solle träge, entschlusslos oder lässig sein. Die Feinheit des *wu wei* lässt sich schwer in ein paar Worten ausdrücken. In seinem tiefsten Sinn meint *wu wei*, wir sollen in unseren Entscheidungen nicht gegen unsere innere Autorität, eben das Tao, handeln. Herausforderungen des Lebens pflegen wir mit den unzulänglichen Mitteln unseres Intellektes, unserer Erfahrung zu begegnen. Damit pfuschen wir jedes Mal den unserem Denken nicht zugänglichen Kräften ins Handwerk, die unsere Probleme nicht nur besser lösen können, sondern sie auf eine ganz andere Art und Weise auszuloten imstande sind. Könnten wir lernen, dieses *wu wei* zu praktizieren, dann würden wir sofort aufhören, über unsere

Probleme nachzugrübeln, sie zu analysieren und nach Lösungen zu forschen. Es genügt vollständig, uns das Problem ganz genau anzusehen, ohne darüber nachzudenken, ohne Analyse. Den Rest können wir getrost dem Tao überlassen. Soweit unser direktes Eingreifen notwendig wird, empfangen wir den Handlungsanstoß spontan durch eine kräftige Intuition. Wobei Intuition, wie wir sie landläufig verstehen, den Vorgang nur unzulänglich beschreibt, denn es handelt sich vielmehr um einen inneren Dialog, der jedem zur Gewohnheit wird, der gelernt hat, im Geiste des Tao zu leben. Was ich hier als Beispiel anführe, ergibt seinen Sinn auch erst dann, wenn das Leben als Ganzheit richtig gelebt wird. Zur Meisterung dieses Lebens wird keine einzige Fähigkeit gefordert, die nicht bereits bei uns vorhanden ist. Allerdings haben die meisten Menschen verlernt, mit der einen oder anderen dieser Fähigkeiten umzugehen. Keine der Maßnahmen, die ich Ihnen im Verlauf dieses Buches zeige, erfordert Kraftaufwand; richtig angewendet, entfalten sich diese Fähigkeiten sogar unbeschreiblich mühelos. Diese Mühelosigkeit ist Ausdruck einer außerordentlichen Energie, die gleichfalls jedem von uns latent innewohnt. (Wenn Sie die erteilten Ratschläge befolgen und Sie feststellen, dass es Sie anstrengt, dann ist das ein sicheres Zeichen, dass Sie etwas falsch machen.) Wir werden uns in der Folge mit unseren Gedanken zu befassen haben, mit Bewusstsein, mit Gegenwart, Vergangenheit und Zukunft, wobei ich gleich vermerken möchte, dass Tao nur in der Gegenwart, also jeweils im gleichen Augenblick, gelebt und verwirklicht werden kann. Das dürfte die einzige schwierige Aufgabe für Sie werden, nämlich sich anzugewöhnen, mit Ihren Sinnen weder in der Vergangenheit noch in der Zukunft herumzustreunen, sondern stets und ständig im Hier und Jetzt zu bleiben.

Schwierig nicht nur wegen unser aller unseligen Gewohnheit, mit den Gedanken überall zu sein, nur nicht in der Unmittelbarkeit des Augenblicks, schwierig insbesondere, weil unser Alltag keineswegs erfreulich genug erscheint, als dass man ihn sich gerne ganz genau ansehen und ihn intensiv leben möchte. Die Stunden allerdings, die wir gerne festhalten und viel intensiver leben möchten, weil sie uns Freude oder Vergnügen bereiten, bekommen wir genauso wenig in den Griff. Ich will Ihnen am Beispiel eines Witzes klar machen, wie wir Menschen es mit dem Erleben der Gegenwart halten: Da fährt ein Bus mit Touristen durch die prächtige Landschaft südlicher Gefilde. Alle haben die Kamera am Auge und fotografieren, was das Zeug hält. Ein einziger Fahrgast nur sitzt still da und blickt zum Fenster hinaus. «Warum fotografieren Sie nicht?», wird er gefragt. «Ich sehe mir's gleich hier an», antwortet der. Sehen Sie, die Masse der Menschen lebt wie diese Touristen. Zwischen dem wirklichen Erleben der Realität und uns stehen unsere Gedanken wie das Fotografieren der Touristen in diesem Witz. Wir sind pausenlos im Geiste unterwegs, unsere Gedanken beschäftigen sich mit vergangenen oder künftigen Ereignissen, Vorfreude diktiert unseren Blick oder Furcht vor möglichen Ereignissen, oder wir halten mit Hoffnung Ausschau. Aber den Augenblick, in dem wir gerade leben, den nehmen wir nicht wahr. Dazu sind wir geistig viel zu sehr mit allem möglichen Unsinn beschäftigt, als dass wir uns auch noch um die Wirklichkeit kümmern könnten. Schließlich geht sie uns ja nicht verloren, unser Gehirn hat jenen Kameras gleich die Szene für alle Zeiten in unserer Erinnerung festgehalten. Und wenn wir tatsächlich einmal zufälligerweise unseren Blick auf den Augenblick, auf die Gegenwart richten, dann erleben wir diese auch nicht unmittelbar.

Bevor ein äußerer Vorgang uns bewusst wird, passiert er aus alter, übler Gewohnheit einen Denkprozess. In Gedanken prüft unser Geist erst, ob an der wahrgenommenen Szene etwas mit früheren Erfahrungen zu erkennen ist, dann holt er sich aus dem Speicher des Gedächtnisses den für das Phänomen aufgefundenen Namen, klebt der Szene dieses Etikett auf – und erst dann, wenn all dieses geschehen ist, gestattet unser Verstand dem Bewusstsein, Kenntnis von diesem Vorgang zu nehmen. Sie sehen, auch dieses scheinbar spontane Erfahren eines Vorgangs erfolgt aus zweiter Hand. Der menschliche Geist gestattet es den Sinneseindrücken niemals, unmittelbar zum Bewusstsein zu dringen. (Wobei ich mit Geist keine spezielle Definition treffen möchte, mit Geist ist einfach unsere Person oder unser Ich gemeint.)

Und das muss keineswegs so sein. Es ist nicht unser unwiderrufliches Schicksal, unser ganzes Leben lang dem gegenwärtigen Moment der Wirklichkeit ausweichen zu müssen. Genau genommen ist es eine Untugend, die wir uns angewöhnt haben, weil kein Mensch uns beigebracht hat, wie man es richtig macht. *Wu wei* erfordert unsere geistige Präsenz in der Gegenwart, sonst können die Kräfte nicht wirksam werden, welche die Dinge dann ohne unser Zutun verändern und zum Guten wenden. Solange wir der Tristesse unseres Alltags nicht direkt ins Auge blicken, kann sich auf dem Weg des Tao auch nichts daran ändern. Wenn wir es allerdings schaffen, unser Dasein so nüchtern und realistisch zu betrachten, wie es tatsächlich ist, ohne irgendeiner Erkenntnis auszuweichen – und sei sie noch so unangenehm –, dann werden wir nicht lange in diesem permanenten Grau-in-grau-Zustand verweilen müssen. Wie ferngesteuert walten alsbald Energien in unser Leben hinein, von denen wir höchstenfalls zu träumen gewagt hätten.

Über das Wie – damit meine ich die Technik – erfahren Sie in den folgenden Kapiteln noch genügend Einzelheiten, wenn wir uns mit der Struktur des Denkens und der Persönlichkeit des Denkers befassen. Hier will ich zunächst einen mehr allgemeinen Überblick geben. Einen Grundsatz können wir aber jetzt an dieser Stelle schon festhalten: Gedanken entstehen immer aus dem Vergleichen mit Elementen des Gedächtnisses, der Erinnerung, sie gehören folglich grundsätzlich der Zeitform der Vergangenheit an, gleich, womit sie sich befassen mögen. Auch Ideen und Ausblicke auf die Zukunft wurzeln in Erfahrungen, die Sie in der Vergangenheit gemacht haben. Das Tao, diese zeitlose Dimension in uns, aber existiert einzig in der Gegenwart, in diesem hauchdünnen Raum zwischen Vergangenheit und Zukunft. Das Zusammenwirken dieser Kräfte geschieht hier und jetzt, niemals vorher oder nachher. Das bedeutet, dass das Denken uns immer von der Gegenwart weg in die Vergangenheit führt, und sei es nur um die Differenz von Sekundenbruchteilen, wenn wir ein unmittelbares Erlebnis interpretieren, statt es direkt zu erfahren. Damit soll Denken nicht verteufelt werden, es hat seinen Platz dort, wo es nützlich ist und gebraucht wird. Aber die ununterbrochene Geschwätzigkeit unseres Geistes ist ein ernsthaftes Hindernis für das Leben in der absoluten Gegenwart. Dabei ist es völlig sinnlos, wenn wir versuchen, dieses Stromes Herr zu werden, indem wir alle Gedanken unterdrücken wollen. Ein solches Vorgehen ist extrem anstrengend und obendrein völlig nutzlos. Wir würden hier lediglich die Vorzeichen verändern. Der Prozess, Denken auszuschalten, ist nämlich gleichfalls ein Denkvorgang. Wer auf diese Weise versucht, im Hier und Jetzt zu leben, beschummelt sich selbst und vergeudet unnötig Energie. Lassen Sie sich bitte trotzdem nicht entmutigen. Die ganze Sache ist im Grunde recht einfach – die Bereitschaft des

Menschen vorausgesetzt. Es müssen hier auch keinerlei Spitzenleistungen erbracht werden, denn in der Gegenwart zu leben, ohne in Gedanken abzuschweifen, ist keine olympische Disziplin. Überhaupt hält man in Kreisen des Tao nichts von Bestrebungen nach irgendetwas. Es ist gut, kein Ziel zu haben, keinen Ehrgeiz, kein Motiv. Das menschliche Bemühen, immer auf eine Art besser zu sein als andere oder als man selbst im gegenwärtigen Zustand, ist geradezu lächerlich, bedenkt man, dass jeder Mensch in Wahrheit erheblich mehr ist, als er sonst jemals werden kann. Der vollkommene Zustand des Im-*wu-wei*-Lebens wird im Zen-Buddhismus als Erleuchtung, als Verwirklichung des Buddha angesehen. Man nennt die direkte, aufmerksame Wahrnehmung der unmittelbar ablaufenden Geschehnisse: das Bewusstsein ohne Wohnsitz oder der Geist ohne Wohnsitz. Mit diesem Bewusstsein oder Geist ist bereits die absolute schöpferische Kraft ins Leben des Praktizierenden eingezogen. Bereits wenn wir ein paar Sekunden aufmerksam unsere Umgebung, die Geschehnisse direkt um uns herum beobachten, haben wir Berührung mit dieser kosmischen Energie. Und sie ist es, die unseren Alltag, unser ganzes Leben verändert, wenn wir uns ihr nur völlig rückhaltlos anvertrauen. Wie in dem Spiel, das wir in der Jugend und Kindheit ab und zu ausprobiert haben: Man breitet die Arme aus, schließt die Augen und lässt sich hintenüberfallen in die Arme eines dort stehenden Freundes. Diese spielerische Übung ist gar nicht so einfach, es ist ein recht unbehagliches Gefühl, so ins Ungewisse zu fallen, selbst wenn ich weiß, dass hinter mir einer steht, der mich auffängt. Die Erfahrung des Geistes ohne Wohnsitz ist gleichbedeutend mit der Fähigkeit, ungezwungen zu beobachten, von keinem inneren Zentrum aus, nur einfach hinzusehen, wie ich zum Beispiel einen Vogel vor dem Fenster beobachte oder die Katze des Nachbarn. Sobald eine solche Beobachtung frei von begleitenden Gedanken ist, wird sie identisch mit der Wirksamkeit des Tao. Dies klingt alles ungewohnt und keinesfalls logisch. Gut, logisch ist es auch nicht. Aber stimmt etwas nur, wenn es logisch ist? Die objektive Wirklichkeit unseres Daseins ist eher paradox denn logisch. Logik ist eine Krücke, die sich der menschliche Verstand geschaffen hat, um nicht an den tatsächlichen Dingen zu verzweifeln. Logik ist nachvollziehbar, und alles, was man mit ihr in den Griff kriegt, gibt uns Sicherheit, nicht wahr?

Echt und dauernd im Geiste in der Gegenwart verweilen, die Geschehnisse aufmerksam beobachten, wahrnehmen, ohne zu analysieren, wäre der erste Schritt zur Verwirklichung des Tao in unserem Leben. Den Geschehnissen ihren Lauf lassen, ohne Widerstand zu leisten, sie nur betrachten, das ist Handeln im Nichthandeln, das ist *wu wei*. Wenn Sie gelernt haben, so Ihre Tage zu verbringen, wird Ihr Leben sein wie in der schönsten Zeit Ihrer Kindheit: ohne Sorgen, frei von Konflikten, das Gestern vergessend, vom Morgen nichts wissend, einzig im Heute verweilend, voller Glück und Gelassenheit. Das ist Lebenskunst, das ist Leben aus dem Geist des Tao. Und wie fern liegt diese Vorstellung dem Bild Ihrer jetzigen gequälten Existenz. Entgegen allen anders lautenden Predigten und Binsenweisheiten ist das Ändern Ihres Lebens, das Erreichen dieses ungemein positiven Zustands keineswegs eine Frage der Zeit. Es ist einzig eine Frage der Konsequenz, mit der Sie sich frei machen von lieb gewordenen Vorstellungen.

Der zweite (und der einzige zusätzliche) Schritt ist die Notwendigkeit, sich innerlich von allen Bindungen zu befreien, von jeder Art Autorität, ganz gleich, ob diese von außen kommt oder in Ihnen selbst ist in Gestalt von festgefahrenen Denkschablonen, religiösen Bindungen oder Ähnlichem.

Dieser zweite Schritt kann Ihnen das Leben in der Gegenwart ungemein erleichtern. Mit der Forderung nach Freiheit von Bindungen ist nicht gemeint, dass Sie etwa auf die Freuden des Lebens oder auf Besitz oder Partnerschaft verzichten müssen. Problematisch ist im Grunde kein einziger Vorgang in unserem Leben, weder Spiritualität noch Sinnenfreude, weder Wohlstand noch der Wunsch nach den Annehmlichkeiten des Daseins. Das Problem steckt im «Anhaften», wie die Chinesen es genannt haben. Nicht das Genießen des Lebens hält uns vom Leben im Tao ab, sondern nur die innere Bindung daran. Wiederum wäre es völlig nutzlos und selbstquälerisch, wenn Sie jetzt sagen würden: «Gut, ab sofort will ich innerlich frei sein von jedem Anhaften», und wenn Sie versuchen würden, sich dieses Freisein so lange zu suggerieren, bis Sie tatsächlich eine Art von Freiheitsgefühl hätten. Leider geht es nicht so einfach. Menschen mag man mit solchen Maßnahmen täuschen können, das Tao aber können wir nicht betrügen. Ein solches Vorgehen ist erstens ausgesprochen strapaziös, und zweitens klappt es nicht, denn wieder ist nur ein Gedankenbild durch ein anderes, aber in gleichem Maße bindendes Modell ersetzt worden. Sie hätten lediglich den Teufel mit dem Beelzebub ausgetrieben. Doch es gibt leichtere Wege, die Wahrheit über Ihre Bindungen und Engagements zu erfahren. Wenn Sie beharrlich und ohne innere Stellungnahme Ihre Reaktionen auf die Geschehnisse des Lebens beobachten, und zwar jeweils in dem Augenblick, in dem sie eintreten, werden Sie bald Art und Umfang Ihres Gebundenseins wahrnehmen. Diese Beobachtung ist bereits Meditation, die an keine äußere Form und an keinen zeitlichen Rhythmus gebunden ist. Sie findet stets dann statt, wenn die Ereignisse sie notwendig machen. Dadurch bleibt solche Art zu meditieren lebendig, erstarrt nie zur Routine oder schläfert den Geist ein.

Sobald die Erkenntnis von Ihren verschiedenen Bindungen tief in Ihnen lebendig ist, weit über das intellektuelle Begreifen Ihres Zustands hinaus, werden Sie feststellen, dass diese Bindungen ganz von selbst ihre Macht über Sie verlieren. Wie durch Zauberhand sind die Fäden Ihrer Gebundenheit mit einem Mal zerrissen. Dies alles setzt natürlich immer voraus, dass Sie von Ihren diversen Anhängseln innerlich wirklich frei werden wollen und sich insgeheim nicht nach wie vor an das eine oder andere zu klammern suchen.

In diesem Auflösen aller Bindungen liegt nämlich ein anderes Problem: die Frage nach der persönlichen Sicherheit. Solange Sie an irgendeine Institution, Ideologie oder Organisation gebunden sind, empfangen Sie aus dieser Vorstellung Sicherheit. Sie fühlen sich integriert in die Gesellschaft, und Ihre Anpassung an deren Ordnung und Spielregeln vermittelt Ihnen ein Gefühl von Geborgenheit. Sie finden Halt in Ihrer Partnerschaft, im Beruf, in Ihren alltäglichen, festgefahrenen Gewohnheiten. All dieses gewährt einen Anschein von Sicherheit, und diesen scheint der Mensch zu brauchen, ist er doch das Einzige, was die Misere der hochgradigen inneren Unfreiheit der Menschheit ein wenig verzuckert. Dabei ist diese Sicherheit absolut trügerisch, sie ist relativ, in Wahrheit existiert sie nur als intellektuelle oder emotionale Vorstellung, es ist eine Beruhigungspille mit Dauerwirkung. Diese Dauerwirkung hält aber bestimmt nicht bis zum Tode an. Irgendwann wird jeder einmal gezwungen, der Wahrheit ins Gesicht zu sehen, der eine früher, der andere später. Denn eine gedankliche Konstruktion von Sicherheit ist keine, und wenn dann das Leben mit ernsthaften Herausforderungen an uns herantritt, das Sicherheitsgefüge rings um uns zerbricht, dann stehen wir nackt da, wie eine Muschel, die ihrer schützenden Schale beraubt ist. Der Mensch, dem das widerfährt –

und es geschieht weltweit täglich –, muss dann wahrnehmen, dass er auf Sand gebaut hat. Er sieht sich aller Stützen und Orientierungspunkte beraubt. Aber oft macht er gerade dann eine bestürzende Erfahrung, die die meisten von uns sich nicht zu deuten wissen: Wenn Sie im Leben bereits einmal eine tief greifende Krise durchgemacht haben, die bis an die Fundamente Ihrer Existenz reichte, dann werden Sie sich erinnern, dass die Wendung zum Besseren just in jener Phase eintrat, da Sie sich, zu erschöpft zum Weiterkämpfen, total aufgegeben hatten. Dabei haben Sie damals nichts anderes erfahren als die Hand des Tao, denn dieses tritt in dem Augenblick mächtig in unserem Leben in Erscheinung, wo wir die Hand vom Ruder nehmen, wo wir aufgeben. Dann kann diese ungeheure kosmische Kraft wirksam werden, und zwar mit einer Intelligenz, die jenseits des Denkens operiert. Unsere existenziellen Probleme lösen sich auf eine Art, der eine tiefe Weisheit zugrunde liegt, wie unser Verstand sie nicht besitzt. Sie mögen daraus erkennen, wie töricht es ist, sich an diesen Scheinsicherheiten, die das tägliche Leben anbietet, festzuklammern.

Wer sich der Lebenskunst des Tao zuwendet, sich dem intuitiven Handeln verschreibt und sich hineinfallen lässt in die Geborgenheit der eigenen inneren Autorität, wird das Leben und seinen Alltag in Zukunft mit anderen Augen ansehen. Diese Geisteshaltung ist *wirkliche* Sicherheit, aber interessanterweise verliert der Gedanke an Sicherheit weitgehend seine hohe Bedeutung, wenn wir erst einmal gelernt haben, unser Leben dem Strom des Tao zu überlassen. Denn der Strom des Lebens ist identisch mit dem Tao, wie auch wir mit ihm identisch sind. Von dem Augenblick an, wo Sie das erkennen, ist es nicht mehr notwendig, dass Sie kämpfen und sich abplagen, dass Sie sich Tag und Nacht mit Ihren Sorgen und Nöten beschäftigen, dass Ihr Leben aus einer Mischung aus wenig Freuden und vielen Problemen besteht. Sie können jegliche Art von Zielsetzung aus Ihren Gedanken streichen, denn wenn Sie aufmerksam im Hier und Jetzt dem Lauf des Lebens folgen, trägt Sie dieses an jeden beliebigen Ort, an jedes Ziel, bevor Sie es sich überhaupt vorstellen können. Ja, es ist unerlässlich, dass Sie Ihre Motive, Ihr eigenes Streben, Ihren Wunsch, etwas zu werden, was Sie noch nicht sind, aufgeben. Sie müssen stattdessen lernen, nichts mehr zu tun, zu beobachten, aufmerksam zu sein. Dies ist die wahre Art intelligenten Handelns. «Es» handelt für Sie, besser, als Ihr Verstand es jemals vermochte. Ein Mensch, der diese Wahrheiten wirklich versteht, lebt aus seiner geistigen Mitte heraus. Über diese Mitte ist auf dieser Welt schon viel Unsinn geschrieben worden. Leben aus der Mitte bedeutet in erster Linie, dass Sie in keiner Richtung gebunden sind. Dann können Sie von Ihrem Zentrum aus ungehindert in jeder Richtung direkt und ohne Verzug in Aktion treten, sich beteiligen und wieder zu Ihrem Kern zurückkehren. Dieser Kern ist keinesfalls als Örtlichkeit zu verstehen, im Gegenteil, so seltsam es klingen mag, dieser Kern hat universelle, kosmische Dimensionen und ist nicht etwa an einen Sitz in Höhe Ihres Solarplexus gebunden oder an Herz oder Bauch. Ein Mensch, der aus seiner Mitte lebt, kann von hoher Spiritualität erfüllt sein und sich dennoch froh und heiter jeder Art sinnlicher Genüsse hingeben. Wenn er damit fertig ist, kehrt er zur Mitte zurück, ohne dass eine Spur des Geschehens seinen Geist gefangen hält. Dies ist der Ausdruck wirklicher Freiheit. Alle Versuche, den Menschen einseitig zu orientieren, zum Beispiel, ihm ein streng religiöses Leben vorzuschreiben und ihm dabei jede Art von Lebensfreude als sündig darzustellen und zu verbieten, macht jeden unfähig, aus der Mitte zu leben. Er ist einseitig, verkrüppelt. Und diejenigen, die ihm diese Lebensweise als notwendig vorgeschrieben haben, sind keinen Deut besser. Da werden Narren von Narren angeleitet.

Lassen Sie mich das bis jetzt Gesagte zusammenfassen: Tao ist kein Weg, es ist der Schritt zu sich selbst und der eigenen inneren Autorität. *Wu-wei* bedeutet, nicht selbst handeln zu wollen, sondern eben der erwähnten Autorität das Handeln, die Entscheidungen zu überlassen. Gekoppelt mit dieser Bereitschaft, selbst weitgehend die Hand vom Steuer unseres Lebens zu nehmen, ist die Notwendigkeit, unsere Sinne in immer größerem Maße der Gegenwart zuzuwenden. Im gleichen Maße, wie wir – statt ständig in Gedanken über Vergangenheit und Zukunft zu kreisen – unseren Alltag beobachten, ihm unsere Aufmerksamkeit voll zuwenden, werden sich unser ganzes Leben und unsere Sicht darauf verändern. Dabei wird keineswegs olympische Perfektion gefordert. Es gilt, im Hier und Jetzt, im Augenblick und seiner Geborgenheit zu leben. Freiheit von Meinungen und Bindungen vollendet das Bild einer neuen Art zu leben. Diese Freiheit kann jeder erlangen, wenn er sich an die gegebenen Ratschläge hält.

Befreien Sie sich von Ihren Bindungen

Die Struktur einer Gesellschaft wird seit Jahrtausenden stets von einer kleinen Gruppe Mächtiger dirigiert, ganz gleich, welche Staatsform diese Gesellschaft jeweils angenommen hat. Und diese Machtgruppe diktiert dem Volk, was gut für es ist, das heißt, das Volk hat das als gut zu akzeptieren, was den Mächtigen nützt. In unserer Gesellschaft kann man die finanziellen Zusammenballungen als diese Macht ansehen. Von ihnen geht auch der Dirigismus aus, der das Bild unserer Gesellschaft prägt. Wir können zwar heute unsere Regierung selbst wählen, aber genau genommen ist die Auswahl nicht besonders groß, denn wir haben erstens nur die Wahl zwischen ganz wenigen Ideologien, die sich im Prinzip verzweifelt ähneln und allesamt irgendwie im Fahrwasser der Machtgruppe im Hintergrund schwimmen, und zweitens regiert am Ende eine Partei, die von höchstens der Hälfte der Wähler gutgeheißen wird. Also mindestens die andere Hälfte aller Bürger einer Demokratie kommt trotz der herrschenden Freiheit bei der Bildung ihrer Regierung zu kurz. Und dort, wo die tatsächliche, dauerhafte Macht sitzt, bei der Großindustrie, bei den Banken und Versicherungskonzernen mit ihren Multi-Beteiligungen, die das ganze Wirtschaftssystem durchsetzen trotz aller Kartellgesetze – diese lassen sich von niemandem wählen. Sie sind einfach da, und sie bestimmen, unabhängig von Legislaturperioden, das Geschick und den Wohlstand der Nation. Von dorther wird die öffentliche Meinung gebildet, dort ist der Ursprung und der Grund für die

Natur des Gesellschaftsbildes zu suchen. Der Einzelne, Sie und ich, orientiert sich seit der Kindheit an dieser Ordnung. Wir sind derartig eingesponnen von Bestimmungen, Verordnungen und Gesetzen, dass es uns überhaupt nicht mehr bewusst wird, wie man uns allenthalben gängelt. Ein Leben ohne Reglementierung haben wir nie erfahren. Zuerst waren da die Eltern, die dafür sorgten, dass das Kind zu einem angepassten Mitglied der Gesellschaft wird, so wie sie selbst es sahen, dann kamen Schule, Ausbildung oder Studium. Auch hier wurde dem Heranwachsenden ein weiterer Schliff der Anpassung an das herrschende Prinzip verpasst. Nach dem Eintritt in eine berufliche Laufbahn, sei sie selbständig oder in einem Anstellungsverhältnis, erkannte der nun erwachsene Mensch in aller Deutlichkeit, wie abhängig sein Wohlergehen von der Hierarchie der Gesellschaft ist. Statt nun angesichts dieser Enge und des andauernden Drucks verzweifelt auszubrechen, hat die Menschheit einen anderen Fluchtweg gefunden: die Verdrängung nicht ertragbarer Bewusstseinsinhalte und Erfahrungen ins Unbewusste. Ich sage nicht zu viel, wenn ich behaupte – und darin weiß ich mich mit der Mehrzahl der Soziologen und Psychologen einig –, dass unser der Erinnerung zugängliches Bewusstsein derartig ausgefiltert ist, dass darin keinerlei Erfahrungen festgehalten sind, die mit den geltenden Spielregeln der Gesellschaft nicht konform gehen. So umfassend wirkt der Verdrängungsmechanismus, das Kontrollorgan unseres Selbsterhaltungstriebes. Darum sind wir heute, so wie unser Geist beschaffen ist, unfähig, die Wirklichkeit wahrzunehmen, wie sie tatsächlich ist. Was wir für Wirklichkeit halten, sind Bruchteile der Realität. Denkbilder, dazu noch verzerrt durch die Optik unserer Voreingenommenheit. Unsere Sinne werden allesamt tagein, tagaus kontrolliert; ihre Wahrnehmungen werden gefiltert, ausgesiebt, nichts Neues, Unbekanntes darf hier ans Bewusstsein gelangen. Dieser Mechanismus sorgt gründlich dafür, dass sich keinerlei neue Erkenntnisse durch Beobachtung bei uns einschleichen. Alles wird sorgsam abgedrängt ins Unbewusste, wo es sein Schattendasein fristet zusammen mit traumatischen Erlebnissen, die bereits in die frühe Kindheit zurückdatieren. Wir sind niemals fähig, mehr und etwas anderes zu sehen als das, was wir gelernt haben. Nur das können wir in unserer Befangenheit als richtig akzeptieren, und daran orientieren wir uns und richten unser Leben danach aus. So ist unser Geist, sind unsere Erinnerungen beschaffen. Und daran vergleicht sich pausenlos unser Denken. Wir empfangen auf diese Weise nur ein sehr kräftig zensiertes Bild der Wirklichkeit.

Ein weiterer, zusätzlicher Fluchtweg aus der Realität ist die Zugehörigkeit zu Organisationen und Religionsgemeinschaften einschließlich der diversen Gruppierungen mit eigenen Lebensphilosophien (und der cleveren Geschäftsleute, die auf der New-Age-Welle reiten). Bereits das Bewusstsein, in die Gesellschaft integriert zu sein, einen Status darin zu besitzen, vermittelt ein Gefühl der Sicherheit. Die unpopulären Wahrheiten sind ja allesamt wohl verwahrt im Unbewussten. Dazu bietet dann die Zugehörigkeit zu einer Gemeinschaft, sei sie aktiv oder passiv, eine gut ergänzende Garantie für das Weiterbestehen des erarbeiteten Standes. Vor den Gräueln ringsumher, vor dem engen Weltbild, vor dem Schwachsinn, der im eigenen Land geschieht (indem man z.B. keineswegs vergiftete Lebensmittel verbietet, sondern einfach von Zeit zu Zeit die Höchstgrenze der Belastbarkeit mit Giftstoffen nach oben verschiebt!), drückt man die Augen zu und blickt zur Seite. Der scheinbare Schutz, den diese Organisationen und Einrichtungen bieten, wird von uns bezahlt, indem wir ihre

Autorität anerkennen, möglicherweise unser äußeres Leben nach ihren Maximen einrichten und uns innerlich an ihren Thesen orientieren. Aus der elementaren Unfreiheit, in der jeder Mensch infolge seiner Anpassung an die Gesellschaft lebt, erwächst eine weitere, weil wir Menschen einfach nicht begreifen können, dass es Dinge gibt, die keinen Preis haben. Dadurch, dass wir uns konditionieren lassen, meinen wir, uns größere Sicherheit in der Gemeinschaft erkauft zu haben. Wir tun und glauben, was andere auch tun und glauben, und das halten wir dann für richtig. Und wenn eines Tages das Schicksal zuschlägt, wir also in echte Bedrängnis geraten, müssen wir feststellen, dass nirgends wirkliche Sicherheit zu finden ist, so verzweifelt wir sie auch suchen mögen.

Um frei zu sein für ein Leben im gegenwärtigen Augenblick, müssen wir uns von allen Bindungen dieser Art trennen. Wir dürfen keine Autorität anerkennen, niemanden, der uns vorschreibt, wie wir zu sein oder zu werden haben. Um diese Freiheit von äußerer Autorität zu erreichen, ist in erster Linie unsere Bereitschaft notwendig. Nur diese. Kein intellektuelles Ringen mit einer neuen Idee, mit dem Entschluss, Dinge, die uns heute binden, mit Gewalt loszuwerden. In vielen Dingen dürfte es noch nicht einmal zu einem spektakulären Schritt einer äußeren Trennung kommen – das ist zumeist auch nicht notwendig. Wichtig ist unsere innere Einstellung zur Autorität. Wir müssen begreifen, dass das Leben etwas anderes sein kann als das, was wir bislang gedacht haben. Der Schritt zur inneren Freiheit beginnt damit, dass wir unsere Bindungen ansehen, sie so lange beobachten, bis wir die in ihnen liegende Gefahr erkannt haben. Dieser Vorgang genügt. Unter unserer Aufmerksamkeit, die nicht von Gedanken gestört werden sollte, verlieren diese Bindungen ihren Einfluss auf uns. Wir werden frei und ungebunden. Auf keinen Fall dürfen Sie Ihre Bindungen unter das Seziermesser Ihrer gedanklichen Analyse nehmen. Wenn Sie das tun, schadet es zwar nichts, aber es bringt auch keinen Nutzen. Am ehesten könnte Ihnen noch passieren, dass Sie diese Analyse mit Beobachten verwechseln und sich dann wundern, weshalb diese Bindungen, die Sie so gewissenhaft auseinander genommen haben, nach wie vor fortbestehen und Sie einengen. Überhaupt möchte ich sagen, dass Sie die neue Art zu leben, wirklich hier und jetzt innerlich präsent zu sein, am einfachsten erreichen, wenn Sie jede Art von Wissen vergessen. Alles, was Sie bisher gelernt haben, nützt Ihnen für die Lebenspraxis des Tao nichts. Wissen hilft Ihnen im Beruf oder wenn Sie einen Nagel in die Wand schlagen möchten. Aber bei Ihrer geistigen Fortentwicklung steht es Ihnen einzig und allein im Wege. Sie müssen wahrhaft mit jungfräulichen Augen, mit den unbefangenen Augen eines Kindes auf Ihr Leben sehen. Dann werden Sie innewerden, dass sich die Dinge ändern, dass Ihre Tage einen anderen Verlauf als bisher nehmen. Sie werden eingegliedert sein in einen Prozess, der von sich aus mit großer Intelligenz das Richtige für Sie tut. Dabei sind Sie keinesfalls Ihres freien Willens beraubt, aber Ihr Handeln wird weiser sein, weil Sie den Herausforderungen des Alltags ebenso wie außergewöhnlichen Situationen die richtigen Entscheidungen entgegenzusetzen haben.

Also merken Sie sich: Es gilt, Ihre Bindungen jeglicher Schattierung herauszufinden, sie zu beobachten, ihnen Ihre Aufmerksamkeit zu schenken, bis Sie die ganze Tragweite Ihrer Gefangenschaft tief im Inneren begriffen haben. Allein diese Aufmerksamkeit schafft Veränderung. Bedingung wie bei allem Vorgehen ist, dass Sie Ihre Beobachtung ausschließlich in der Gegenwart ausführen. Wichtig ist nicht, wie Sie gestern waren oder welche Bindungen Ihnen früher vielleicht zu schaffen machten, wichtig ist, wie heute Ihr Zustand ist. Diesen gilt es wahrzunehmen. Und die Wahrnehmung in der Gegenwart ist bereits der Schritt zur Veränderung, zu dem Sie von sich aus mit eigener Kraft nichts mehr beitragen müssen. Ihr ehrlicher Wille, Ihre Bereitschaft, Ihr leidenschaftlicher Wunsch, frei zu werden, reicht vollkommen aus.

Das Phänomen Aufmerksamkeit

In der Dichtkunst und Malerei des alten China spielt Tao eine wichtige Rolle. Von Dichtern ist überliefert, dass sie sich in einen Zustand vollkommener Gedankenleere versetzten, wenn sie ihre Werke schufen. Chang Chung-yuan schreibt dazu: «Aus der Welt des Unbewussten steigen die Strukturen seiner Dichtung ins Bewusstsein auf.» In diesem Zustand der Leere des Intellektes lebten sie vollkommen als Mensch des Tao. Und wenn man heute, nach so langer Zeit, ihre Gedichte liest, ist es für einen einfühlsamen Menschen unmöglich, sich diesem Zauber zu entziehen, obgleich es sich um Übersetzungen handelt, wobei die Vielschichtigkeit der chinesischen Symbolsprache notgedrungen durch die unvermeidliche Interpretation des Übersetzers eingeschränkt wurde.

Mit der Gedankenleere hängt auch das in den vorigen Kapiteln beschriebene wichtige Instrument zusammen, das uns zur Meisterung des Lebens zur Verfügung steht: die Aufmerksamkeit. Ich verwende hier einen Begriff aus unserer Alltagssprache, weil er dem tatsächlichen Phänomen am nächsten kommt, ohne es allerdings vollständig zu erfassen. Diese Aufmerksamkeit ist nichts, was wir einfach aufbringen können wie etwa Konzentration. Konzentration ist zwar einigermaßen anstrengend, weil sie unsere geistigen Kräfte fordert, weil wir unser Gehirn und unsere Sinne sammeln müssen, um bei dem Gegenstand der Konzentration zu bleiben. Konzentration sammelt sich stets auf einen bestimmten Punkt und geht vom Gehirn aus. Es ist ein Vorgang des Denkens und damit materiell, denn jede Art von Gedanken ist Materie, wie ich Ihnen in der Folge noch vor Augen führen werde. Aufmerksamkeit hat mit Gedanken nichts zu tun. Im Gegenteil. Gedanken verfälschen Aufmerksamkeit immer, verwandeln sie unversehens in etwas anderes, was große Ähnlichkeit mit Konzentration hat. Ich habe oben gesagt, Aufmerksamkeit sei mehr, als dieses Wort unserer Sprache aussagt. Im Grunde gibt es für dieses gewaltige Instrument unseres Geistes, dieser Nahtstelle zu kosmischen Dimensionen, keinen Begriff unserer Sprache, der seiner Wirkungsweise gerecht würde. Darum muss es eben wohl oder übel bei «Aufmerksamkeit» bleiben. Ich sagte, wir könnten diese nicht einfach aufbringen. Das stimmt. Sie entsteht von ganz alleine, wenn gewisse Voraussetzungen von uns geschaffen sind. Eine der Voraussetzungen habe ich im zweiten Kapitel beschrieben. Es ist die Freiheit von jeder äußeren und inneren Bindung, Freiheit von Autorität. Bereits diese erlangen wir durch genaues Beobachten unserer diversen Abhängigkeiten, und daraus entsteht von alleine Freiheit. Beobachten ist die zweite Voraussetzung dafür, dass Aufmerksamkeit in unser Leben einzieht. Unser Geist, unser Gehirn in seinem heutigen Zustand ist faul, träge und abgestumpft. Unsere Gedanken bewegen sich pausenlos im Kreis, immer bedeutungslose oder scheinbar bedeutsame Ereignisse wiederkäuend. Sie geben keine Sekunde Ruhe, und wir kennen keinen anderen Zustand als den des völlig unnötig schwatzenden Denkmechanismus.

Beobachten ist kein intellektueller Vorgang. Im Grunde ist es etwas ganz Einfaches: Wir bemerken etwas, vielleicht einen Schmetterling oder eine interessant geformte Wolke, und sehen hin. Mehr nicht. Das wäre Beobachten. Hört sich ungemein einfach an. Aber ich will Ihnen erzählen, was wir wirklich tun. Dass wir einfach nur hinsehen, stimmt nicht, wir bilden uns das leider nur ein. Wenn plötzlich vor unseren Augen ein schöner Schmetterling erscheint, geschieht das inmitten des üblichen Prozesses unserer vor sich hin schwatzenden Gedanken. Der Sinnesreiz gelangt an unser Gehirn. Inzwischen hat sich (etwas übertrieben dargestellt) der Schmetterling bereits wieder ein Stück von uns entfernt, ist möglicherweise hinter einem Baum aus unserer Sicht verschwunden. Erst mit dieser Verzögerung reagiert unser Geist. Das Gehirn übernimmt die Projektion der Augennetzhaut, kramt dann in der Erinnerung, ob ähnliche Bilder des gesehenen Vorgangs vorhanden sind, vergleicht diese miteinander, sucht in der Abteilung Wortschatz nach dem Begriff, vergleicht auch diesen mit dem Bild und erkennt dann: Aha! Ein Schmetterling! Jetzt erst erfährt Ihr Bewusstsein, dass Ihre Augen einen schönen Schmetterling gesehen haben. Von spontanem Erleben, von Unmittelbarkeit kann hier keine Rede mehr sein. Ich habe, wie gesagt, um der Deutlichkeit willen die Sache ein wenig karikiert, aber eine Tatsache bleibt bestehen, auch wenn dieser vergleichende gedankliche Prozess blitzschnell abläuft, so schnell, dass wir ihn nicht registrieren und meinen, unser Erlebnis mit dem Schmetterling, den wir «beobachten», sei unmittelbar. Wir haben die Fähigkeit verloren, etwas um uns her anzusehen, ohne dass wir unsere Gedanken dazwischenschalten. Dieses Problem muss gelöst werden, bevor überhaupt Aussicht besteht, dass Aufmerksamkeit in unser Leben einzieht.

Als ich im ersten Kapitel schrieb, wie Probleme gelöst werden, nämlich allein durch dieses Beobachten, mag Ihnen das ungemein simpel erschienen sein. Ich glaube, so allmählich wird Ihnen klar, dass die Sache doch nicht ganz so einfach ist. Das Tun an sich ist einfach und bleibt es auch. Was die Geschichte so kompliziert macht, ist unsere unselige Denkgewohnheit. Wir kennen es nicht anders, wir müssen alles untersuchen und analysieren. Dieses Verhalten ist uns derart in Fleisch und Blut übergegangen, dass wir diesen Mechanismus überhaupt nicht mehr wahrnehmen. Groteskerweise operieren wir mit dieser Art, die Dinge zu beschauen, direkt der Wirklichkeit entgegen, wir entfernen uns von ihr und erleben sie wie diese Touristen im Bus, die fotografieren, statt hinzusehen. Was wir also in unserer üblichen Art und Weise beobachten, ist nicht die Wirklichkeit, sondern unsere Erinnerung daran. Wir erfahren die Geschehnisse um uns her unablässig aus der Vergangenheit, weil wir unfähig geworden sind, in der Gegenwart zu sehen und zu beobachten.

Wir müssen also wieder lernen, Dinge einfach anzusehen, ohne sie mit unserer Erinnerung zu vergleichen oder ihnen Etiketten aufzukleben. Probieren Sie es gleich einmal, sehen Sie sich in Ihrer Umgebung um, beobachten Sie die Fliege am Fenster oder die Gardine, wie der Wind (oder die Thermik der Zentralheizung) mit ihr spielt. Sehen Sie hin, ohne diesen Vorgang mit Ihren Gedanken zu begleiten. Schwer, nicht wahr? Untugenden, die sich von Anbeginn unseres Lebens eingeschlichen haben, auf die uns keiner aufmerksam gemacht hat, weil ja jeder in derselben Gewohnheit verhaftet ist und sie nicht als Fehler wahrnimmt, sind nicht einfach abzulegen. Aber es ist möglich. Ebenso, wie Sie sich Ihre heutige Art, Dinge zu beobachten, angewöhnt haben, können Sie sich auch diese neue Art des – nun tatsächlich – spontanen Sehens und Beobachtens aneignen. Lernen Sie, gewöhnen Sie sich an, alles um sich her, im grauen Alltag ebenso wie bei Wanderungen oder Spaziergängen, mit unbefangenen Augen zu betrachten, nehmen Sie keinerlei Analyse des Gesehenen vor, kommentieren Sie es nicht, denken Sie nicht «Berg», wenn Sie einen Berg sehen, blicken Sie ihn einfach nur an, sonst nichts. Und vor allem: Verkrampfen Sie sich nicht dabei, denken Sie auch nicht darüber nach, etwa: «Ich muss beobachten, ich darf nichts dabei denken.» Würden Sie so verfahren, hätten Sie sich auf eine andere Weise ebenso sehr eingefangen und von den beobachteten Dingen entfernt, als wenn Sie von vornherein bei Ihrer alten Methode geblieben wären.

Beobachten ist ein Vorgang, der an sich ganz locker verläuft, frei ist von Anstrengung und keine anderweitige geistige Arbeit erfordert. Wenn es Ihnen nicht auf Anhieb gelingt, nur zu beobachten, dann verkrampfen Sie sich bitte nicht. Verweilen Sie lieber noch eine Weile bei Ihrer alten Art des Erlebens – schließlich haben Sie diese lange genug praktiziert, und es kommt auf ein paar Tage mehr nicht an. Wenn Sie nämlich ganz locker und ungezwungen, ohne Wunsch nach Veränderung, Verbesserung, ohne Ehrgeiz, jetzt plötzlich jemand anderes zu werden, an die Sache herantreten, wird es Ihnen mehr oder weniger in den Schoß fallen. Eingangs erwähnte ich ja, dass Beobachten bereits die zweite Stufe in diesem Prozess des Lebens im Tao ist. Sie sollten also parallel dazu oder zuvor bereits diese Freiheit von jeder Art von Bindung gesucht haben. Wenn diese Freiheit wirksam ist, reagiert Ihr Geist ja um vieles unbeschwerter. Sobald Sie von allem Belastenden losgelassen haben, es der Autorität des Tao überlassen, die Dinge zu entflechten, und nur noch leben, hier und jetzt, gibt es für Ihre Gedanken nur noch wenig Material, mit dem sie sich rotierend befassen können. Ruhe wird einziehen in Ihren Geist und Ihr Gemüt. Die Vergangenheit klebt nicht wie ein Topf Kleister an Ihnen, und die Zukunft hat ihre Schrecken, ihre Ungewissheit verloren. Denn bald werden Sie aus Erfahrung wissen (für einen Menschen des Tao gibt es nichts zu glauben – er erfährt), dass Ihre gesamten Angelegenheiten gut aufgehoben sind.

Als Beobachter berühren wir bereits die Wirkungsebene des Tao. Insbesondere aus der Beobachtung der eigenen inneren Vorgänge, auch diese ohne Stellungnahme, ohne Beurteilung vollzogen, gewinnen wir Einsicht in unseren tatsächlichen Zustand. So erfahren wir, was tatsächlich mit uns los ist oder nicht los ist. Sonst machen wir uns doch immer ein Bild von uns, wir haben eine feste Meinung von unseren Stärken und Schwächen, wir glauben, genügend über unseren Charakter zu wissen, und kennen unsere Grenzen. Dabei wissen wir über uns genau genommen gar nichts. Was wir über uns wissen, haben wir auf dem Wege des Vergleichens erfahren. Bei allen Eigenschaften, die wir für uns beanspruchen, haben wir Maß genommen an anderen Menschen. Wir wissen nur, wie wir im Vergleich zu anderen sind. Wir vergleichen uns mit dem, was wir gelernt haben, was man uns gesagt hat, wie ein ordentlicher Mensch sein soll, wie Erfolg beschaffen ist, was man für seine Bildung tun muss oder wie andere Leute sich überhaupt vorstellen, wie wir zu sein und zu handeln haben. Auch unsere Handlungen sind darum relativ. Sie orientieren sich an Maßstäben, die allesamt beschränkt sind. Es ist ungemein wichtig, dass Sie von vornherein diese Relativität begreifen. Denn dann können Sie mit Ihren Beobachtungen erst Bestätigung finden und erkennen, wie konditioniert Ihr Leben im Augenblick doch ist. Glauben Sie mir, der Mensch hat allgemein keinen blassen Dunst, keine Ahnung, was er wirklich ist. In der gesamten Vergangenheit hat man das Schwergewicht der Bewertung menschlicher Qualität auf die Gaben seines Verstandes gelegt. Von der Schule an wurde der Intellekt kultiviert, der Mensch verleitet, sich voll und ganz auf den Erwerb von Wissen zu konzentrieren, etwas auf dem Gebiet des Denkens zu leisten. Dass es da noch etwas anderes gibt, ignoriert man. Wohl vermögen wir heute mit unserer eingefahrenen Zivilisation nicht mehr in den Zustand der total naturverbundenen Urbevölkerung zurückzukehren. Es ist nicht mehr genügend Raum auf unserem Planeten für die Menschenmasse. Aber der geistigen Rückkehr zu einer natürlichen, mit dem Strom des Lebens verbundenen Daseinsweise stehen einzig unsere eigene Voreingenommenheit und Ignoranz entgegen. Allein wir meinen, das ginge nicht mehr, oder wir stehen auf dem Standpunkt, dass geistige Prozesse außerhalb unseres Intellektes kompletter Unsinn wären, geeignet für Träumer oder Betschwestern. Dabei hat diese Spiritualität des Lebens im Tao gar nichts Heiliges an sich. Das Leben ist erdverbunden, geschieht hier inmitten der materiellen Prozesse.

Die sanfte Kunst des Beobachtens ist die Grundlage für die Aufmerksamkeit. Beobachten ist der materielle Vorgang mittels unserer Sinne. Tasten, Hören, Schmecken und Riechen gehören genauso in diesen Bereich wie Sehen, unser am meisten benutzter Sinn. Beobachten ist ein Vorgang, der den gesamten Sinnesbereich einschließt, es soll damit nicht missverständlich nur der visuelle Vorgang gemeint sein. Wenn Sie gelernt haben, sich und Ihre Abhängigkeiten, Ihre Bindungen, Ihre Voreingenommenheit motivlos, ohne denkende Analyse zu beobachten, stellt sich Aufmerksamkeit ein. Sie ist das geistige Gegenstück der Beobachtung. Sie können Aufmerksamkeit solchen Charakters nicht von sich aus erzeugen. Sie kommt von ganz alleine zu Ihnen, wenn der Boden dafür bereitet ist. Und fragen Sie jetzt bitte nicht, woran Sie merken, dass Aufmerksamkeit eingezogen ist. Sie werden es innewerden, garantiert! Was Sie noch zum Funktionieren beitragen können, ist ein hellwacher Zustand. Mit abgestumpften, interesselosen Sinnen können Sie weder beobachten noch aufmerksam sein. Wenn erst einmal Ihr unruhiger Geist befriedet ist und Sie frei von immer währenden Sorgen und Nöten Ihre Tage direkt und ohne Interpretation durch Denken genießen, wird eine ungeheure Menge Energie frei, die Sie bis jetzt sinnlos vergeuden. Diese Energie sammelt sich dann ganz von alleine im Vorgang der Beobachtung und ist selbst reine Aufmerksamkeit. Es ist sehr schwer, dies mit passenden Worten zu beschreiben, weil der Prozess an sich bereits jenseits von Begriffen liegt.

Die Dichter und Maler des Tao haben seinerzeit gewaltige Kunstwerke hervorgebracht. So deutlich kann kein Buch, kein Text von der Wirksamkeit des Tao im Menschen sprechen wie die Arbeiten dieser genialen Künstler. Versuchen Sie einmal Zugang zu chinesischer Kunst und Dichtung jener Epochen zu finden. Betrachten Sie einmal die Tuschezeichnung eines schneebedeckten Bambusgebüsches, oder lesen Sie ein Gedicht von Li Po oder Wang Wei und lassen Sie sich vom Zauber, von der Unmittelbarkeit seiner Botschaft berühren.

Kreativität und Inspiration gedeihen auf dem Nährboden von *wu wei*, dem nicht handelnden Handeln. Hier ist Handeln Beobachten, ist Handeln Aufmerksamkeit. Mit dem Wahrnehmen eines Vorgangs beeinflussen wir ihn bereits, verändern ihn. Dieser Prozess verläuft zu unseren Gunsten, wir brauchen weiter keinen Kraftakt, die Dinge in die rechte Richtung zu steuern. Fangen Sie heute damit an, Ihr Wissen außer Acht zu lassen, vergessen Sie alles, was man Sie gelehrt hat, wie der Mensch den Ereignissen seines Lebens zu begegnen hat. Alles, was man Ihnen bislang beibrachte, ist relativ, ist schwach und unangemessen. Die wahre Kraft ruht in der Tiefe Ihres Geistes. Von dort aus tritt sie in Aktion, bedarf Ihres intellektuellen Rates, Ihrer Analyse nicht, denn sie überblickt stets das Ganze, während Ihnen nur der Blick auf einen sehr begrenzten Ausschnitt Ihres Daseins verbleibt, gebunden an Raum und Zeit. Das Tao, meine und Ihre innere raumlose Dimension, operiert jenseits von Zeit, Raum und Denken. Mögen Sie lernen, Ihre Geschicke vorbehaltlos dieser Kraft anzuvertrauen. Und – zum Schluss: Lassen Sie sich von der scheinbaren Einfachheit der Methode nicht täuschen. Hinter den abgewetzten Begriffen «Beobachtung, Aufmerksamkeit, Wahrnehmung» verbirgt sich, von unserer Seite aus besehen, der gesamte schöpferische Prozess.

(Lassen Sie sich bitte nicht irritieren, wenn ich in den vorausgegangenen Kapiteln empfohlen habe, innere Freiheit durch Beobachtung Ihrer Bindungen zu erlangen und ihnen Aufmerksamkeit zu schenken, und dann später erkläre, Aufmerksamkeit entstehe erst aus der Freiheit von aller bindenden Autorität. Es ist beides richtig. Dieser Prozess hat nämlich etwas Paradoxes an sich, wie das Bild zweier Hände, die sich gegenseitig zeichnen, sodass die eine ihre Existenz der anderen verdankt. Sie brauchen tatsächlich nur zu beobachten, Aufmerksamkeit stellt sich scheinbar ein, bevor Sie frei von Bindungen sind. Da diese Kraft jenseits von Raum und Zeit operiert, ist hier zwar das Gesetz von Ursache und Wirkung nicht aufgehoben, aber dafür ist sie nicht der Kontinuität der Zeit unterworfen. Bereits in der schüchternen, unsicheren Anfangsphase erfährt der Mensch, der sein Leben dem Tao anvertraut, dass Aufmerksamkeit von der Zukunft her in sein Dasein hineinwirkt und ihm aus dem Vorgang des Beobachtens seiner Gebundenheit Einsicht und damit Befreiung möglich macht.)

Die Gedanken und der Denker

Beim Lesen des bisherigen Textes wird Ihnen aufgefallen sein, dass Tao mit Denken nicht viel im Sinn hat. In der Tat haben uns die Weisen Chinas in zweieinhalb Jahrtausenden nichts überliefert, was man mit Gedanken erreichen könnte. In allen uns zugänglichen Schriften ist viel von Leere die Rede, wenn es sich um geistige Dimensionen handelt. Leere steht hier keineswegs für Nichts, es sei denn, man unterstellt, dass Nichts etwas ist, etwas mit Inhalt oder etwas von großer Bedeutung. Leere im östlich-philosophischen Sinne ist der Urzustand des Kosmos, eine Leere, die potenziell alles Geschaffene in sich enthält. Der menschliche Geist im Zustand der Stille, also Gedankenfreiheit, wird mit dieser Leere gleichgesetzt. Dschuang Dsi schreibt dazu: «Wenn man in äußerster Stille verharrt, dann scheint das Himmlische Licht hervor. Wer dies Himmlische Licht ausstrahlt, der sieht sein Wahres-Selbst. Wer sein Wahres-Selbst bewahrt, der verwirklicht das Absolute.» Die Verwirklichung des Absoluten bedeutet, im Nichts, in der Leere, sprich im Tao zu leben.

Um das etwas klarer zu machen, müssen wir nun einige sehr kritische Betrachtungen über unsere Art zu denken und über Denken allgemein anstellen. Versuche, Denken zu kontrollieren, es zu unterdrücken, sind vollkommen unsinnig. Nach einiger Zeit der Quälerei steckt jeder diese Versuche wieder auf, einfach, weil es so nicht geht. Druck, Kraftaufwand, erzeugt nach den Gesetzen der Mechanik, die interessanterweise auch im geistigen Bereich gewisse Gültigkeit haben, Gegendruck. In dem Maße, wie wir durch Mühe etwas zu erreichen versuchen, wächst der Widerstand, und es entzieht sich uns. Erst wenn wir ganz loslassen können, dann öffnen sich die Schleusen des Gelingens. Und was wir zuvor mit allen eingesetzten Mitteln nicht erlangen konnten, fällt uns dann in den Schoß. Im Zen-Buddhismus geht man dem Problem mit dem Koan zu Leibe, das ist eine mit dem Verstand unlösbare Denkaufgabe, die ein Paradox enthält. Der Zen-Schüler muss sich mit allen verfügbaren Geisteskräften der Lösung dieser Aufgabe widmen. Irgendwann gerät er mit dem Denken an die äußerste Belastungsgrenze, er bricht ein – und das Denken hört auf, er erfährt Satori, das ist ein Zustand der Erleuchtung. (Oder er wird vorher verrückt, das soll auch schon passiert sein.)

Gedanken und unser Ich oder Ego bedingen einander. Beides sind Prozesse materieller Natur. Sie gehen vom Gehirn, das Materie ist, aus. Zusätzlich zu unseren fünf Sinnen verfügen wir über eine Anzahl weiterer Instrumente, damit wir im Leben zurechtkommen. Da ist die Erinnerung, also unser Gedächtnis. Wir brauchen es, wenn wir von unterwegs nach Hause finden wollen. Es ginge nicht an, dass wir uns unserer Heimatadresse nicht mehr erinnerten oder unserer Telefonnummer. Die Erinnerung ist die Sammlung all unserer im Leben gemachten Erfahrungen. Die Summe dieser Erfahrungen sind wir, das ist unser Ich. Alles, was wir über uns wissen, haben wir auf irgendeine Art im Gedächtnis behalten, sei es nun das Resultat von Vorgängen im Alltag oder übernommen aus den verschiedensten Stadien von Lernprozessen. Auf jeden Fall besteht das Bild, das wir von uns besitzen und mit dem wir uns an anderen messen, ausschließlich aus gespeicherten Ereignissen der Vergangenheit, und seien sie noch so jung. Mag die letzte Erfahrung, die zu unserem Image beigetragen hat, erst Minuten alt sein, sie ist alt. Wir wissen folglich über uns nur Dinge, die wir aus eigenem Erleben oder durch Lernen aus zweiter oder dritter Hand kennen gelernt haben. Sagen wir es ganz einfach: Unser Ich ist ein Gebilde, das von Gedanken aufrechterhalten wird, Gedanken, die ihre eigene Substanz aus dem Gedächtnis beziehen. Und dieses Gedächtnis wiederum ist im Verlauf der Zeit durch Vorgänge zustande gekommen, die erst gedanklich analysiert worden sind, verglichen und angepasst, bevor sie via Bewusstsein ins Depot der Erinnerung eingehen durften. Ergo besteht unser gesamtes Wissen über uns selbst aus einer Reihe eingeschränkter Erfahrungen, die innerhalb eines abgeschlossenen Kreises von Erlebnis – Gedanke – Analyse – Gedächtnis – und wieder Erfahrung usw. zustande gekommen sind. Ein wahrer Teufelskreis. Nehmen Sie nun die Voreingenommenheit hinzu, die zwangsläufig unser Denken beeinflusst, weil wir es eben so und nicht anders gelernt haben und unsere Erfahrungen dementsprechend interpretieren, dann wird klar, dass wir von jeder gearteten Wirklichkeit stets nur das von uns selbst erzeugte Zerrbild empfangen. Am schlimmsten ist dazu noch, dass wir uns zusätzlich am Urteil von Leuten orientieren, deren Bewusstseinsprozess genauso befangen ist wie der unsrige, die ebenso wenig wie wir fähig sind, die Wahrheit zu erkennen, wenn sie ihnen begegnet. Aber man ist mit seiner falschen Lebenseinstellung, mit der Meinung, die wir von uns haben, ja in Gesellschaft. Wenn es schon verkehrt ist, steht man wenigstens nicht alleine damit da.

Wir Menschen bewegen uns fortwährend in einer Illusion, die wir für unser Leben halten. Dabei ist es einzig unser gedachtes Leben, zensiert durch die Voreingenommenheit unserer Erfahrung und unseres gesammelten Wissens.

Es gilt nun für Sie zu verstehen, dass dieses Leben aus

dem Gedächtnis ein Leben in der Vergangenheit ist. Die Gegenwart selbst ist genau genommen gleichfalls eine Fiktion des Denkens, konstruiert, künstlich, ein Begriff. Vergangenheit ist klar und eindeutig, dazu brauchen wir nur den Sekundenzeiger unserer Armbanduhr zu beobachten. Mit jedem winzigen Schritt voran auf dem Zifferblatt hinterlässt er Vergangenheit. Und Zukunft ist die andere Seite des Zeigers, wo er noch nicht war, aber wo er sich unaufhaltsam hinbewegt. Wo bleibt da die Gegenwart? Ja, sehen Sie, eigentlich gibt es Gegenwart überhaupt nicht. Es gibt nur diesen winzigen Augenblick, nicht länger und breiter als der Sekundenzeiger der Uhr. Das ist alles, was von unserem Gebilde der Gegenwart verbleibt, wenn wir genau hinsehen. Und dennoch liegt in diesem so engen Bereich, der sich unaufhaltsam verschiebt, der uns sekundenschnell entgleitet, wenn wir nicht achtsam sind, die Wirklichkeit des Lebens, die Realität unserer Existenz verborgen. Richtig gesagt, verschiebt die Gegenwart sich nicht – nur die Uhr und unser antrainiertes Zeitempfinden vermitteln uns diesen Wahn –, Gegenwart ist immer da, wo wir uns auch befinden. Bewegen wir uns, bewegt sie sich mit, stehen wir still, steht sie mit uns still. Überall, wo wir uns aufhalten, ist Gegenwart. Aber wir nehmen sie ihres feinnervigen Charakters wegen nicht wahr. Wir rechnen in Zeitaltern, Jahren, Monaten und bestenfalls nach Tagen. Stunden haben für uns dann Bedeutung, wenn wir Termine einhalten, einen Zug oder den Bus erreichen müssen oder zu einem Rendezvous gehen. Das ewige Jetzt, die Gegenwart ist sehr eng mit uns verbunden, ja, ich möchte behaupten, sie ist Teil von uns. Aber wir ignorieren sie. Aus dieser üblen Gewohnheit heraus sind wir mit unseren Gedanken pausenlos in der Vergangenheit beschäftigt und versäumen auf diese Art die Gegenwart, die Wirkungsebene des Tao, vollkommen. Wir leben am wirklichen aktuellen Geschehen total vorbei. Würde unser Gehirn nicht automatisch alle Vorgänge aufzeichnen, sodass sie uns dann aus dem Gedächtnis zur Verfügung stehen und wir uns an ihnen orientieren können – es erginge uns wie einem Mann, der nach einem Vollrausch erwacht und nicht mehr weiß, wie er an den Platz gekommen ist, wo er jetzt gerade herumhängt. Wir wären völlig desorientiert, hätten keine Ahnung, was in der Gegenwart passiert ist, weil wir unaufmerksam waren und irgendwo, nur nicht dort, wo unser Leben sich gerade abspielte.

Gedanken sind aufgrund ihrer Beschaffenheit immer Vergangenheit – und sie sind Materie, weil sie ein Endprodukt unseres Gehirns sind, das gleichfalls Materie ist. Unser Ich, unser Ego, ist ein Gebilde, das vom Denken gebildet wird und einzig aus Gedanken existiert. Aus diesem Grund ist es ebenfalls ein Erzeugnis des Gehirns und demzufolge Materie. Und es ist Vergangenheit! Das Ich kann niemals im Moment der Gegenwart existieren, weil die Gegenwart niemals von Gedanken und ergo vom Ich erreicht werden kann. Daran müssen wir uns halten, wenn wir einen Schritt näher zu uns selbst kommen wollen. Es gilt, diese Erkenntnis tief innerlich festzuhalten: Unser Ich, dieses synthetische Gebilde aus gesammelten Erfahrungen, Erinnerungen und Gedanken, ist ein Wesen der Vergangenheit, niemals ist es ihm möglich, in der Gegenwart zu existieren. Jetzt fragen Sie natürlich: «Ja, wer existiert denn dann überhaupt in der Gegenwart? Gibt es von dort keine Erinnerung? Kann man denn dann überhaupt in der Gegenwart leben, oder ist das ein theoretisches Gebilde, um uns an uns selbst irrezumachen?»

Jeder kann in der Gegenwart, im Hier und Jetzt, leben. Aber dazu gehört Aufmerksamkeit, Wahrnehmung. Immer, wenn Sie auf Ihr Leben schauen können, ohne in Gedanken das zu vollziehen, was Sie gerade erfahren, wenn Sie beobachten, dann sind Sie automatisch in der Gegenwart, leben den Augenblick, und keine Macht der Welt kann Sie da herausreißen – höchstens Sie selbst, wenn Sie wieder die Flucht in die Erinnerung und Illusion antreten. Aufmerksamkeit entsteht durch Beobachtung, von ganz alleine, Sie brauchen nicht um diese Aufmerksamkeit zu ringen. Das ist sogar ein ganz zwangsläufiger Vorgang, vorausgesetzt, Sie verlegen sich aufs Beobachten, statt andauernd irgendwelche nutzlosen Gedanken zu spinnen. Jetzt mögen Sie voller Zweifel überlegen, wie diese Barriere zu durchbrechen ist, denn anscheinend gibt es keine Alternative, wenn wir zur Gegenwart gelangen wollen, als auf jede Kategorie von Gedanken zu verzichten. Wiederum ist die Sache nicht so schlimm, wie sie auf den ersten Blick aussieht. Es gibt nämlich einen Trick, wie Sie denken können und trotzdem in der Gegenwart leben: Sie beobachten Ihre Gedanken! Dieses Vorgehen hat zwei Effekte. Wenn Sie Ihre Gedanken (ganz ungezwungen, ohne Verkrampfung) beobachten, und zwar bevor sie entstehen, sie also erwarten, dann werden Sie feststellen, dass Ihre Denkprozesse zunehmend disziplinierter werden und nach einer Weile der Beobachtung vollständig aufhören. Und der zweite Effekt ist verblüffend: Dadurch, dass Sie über das Mittel der Beobachtung Ihren Gedanken begegnen, sie bereits im Entstehen auffangen, aktualisieren Sie diese, Sie transformieren sie auf diese Weise in die Gegenwart. So haben Sie folglich sowohl beobachtet wie auch gedacht, ohne den Gedanken nachzuhängen und in die Vergangenheit, in die Historie abzuschweifen. Wenn dann einmal Ihr Leben von der Aufmerksamkeit statt vom Denken bestimmt wird, können Sie ohne Bedenken Ihren täglichen Aufgaben im Beruf nachgehen, wo Gedächtnis und Denken gefordert sind, und Sie entfernen sich dank der Wirkungsweise der Aufmerksamkeit in Ihnen keinen Schritt aus der Gegenwart.

Nehmen wir an, Sie haben verstanden, dass Ich, Ego, Gedanken, Gedächtnis alles Elemente der Vergangenheit sind. Sie beschließen, mit dem alten falschen Verhalten aufzuräumen und in Zukunft so nahe wie möglich an der Gegenwart zu leben. Wie sieht der nächste Schritt aus? Er ist recht einfach, ich habe ihn oben schon erwähnt: Beobachten Sie von nun an Ihre Gedanken, geduldig und ausdauernd, den ganzen Prozess. Ohne irgendeine Stellungnahme, ohne Beurteilung, ohne Wertung. Nur beobachten. Sie werden feststellen, wie bald Ruhe in Ihnen einkehrt und das Chaos Ihrer schwatzenden Gedanken sich klärt und wie nach einiger Zeit Stille einkehrt. Sie brauchen diese Stille nicht durch irgendwelche Mittel zu halten. Wenn Ihr Geist einmal beruhigt ist, wird diese Stille ein wesentliches Element Ihrer Persönlichkeit sein. Sie werden aus diesem Zustand des Friedens und der Gelassenheit heraus handeln und leben. Das Beobachten Ihrer Gedanken können Sie als Meditation ansehen. Dazu brauchen Sie aber nicht irgendeine Körperhaltung einzunehmen, die nützt nichts, wenn Ihr Geist zu träge oder bequem zum Beobachten ist. Diesen Kraftaufwand müssen Sie am Anfang von sich aus erbringen, sich aus der Lethargie Ihrer abgestumpften Gewohnheiten herausreißen, Begeisterung für Ihr neues Leben aufbringen. Sie sehen, es läuft immer wieder aufs Beobachten hinaus, so simpel und doch so schwer.

Was bleibt übrig, wenn Sie mit diesen Maßnahmen das Denken an seinen Platz verwiesen und Ihr Ich in der Vergangenheit zurückgelassen haben? Dann leben Sie ganz in Ihrem Ursprung, im Tao, sind mit seiner Energie und seinen Kräften vollkommen vereint. Und von dieser Sekunde an ist Ihr Leben erfüllt von einer absolut anderen Qualität. Ihr Schicksal ändert sich drastisch. Es gibt keine Sorgen, keine Krankheit, keine Furcht und Unsicherheit mehr. Bereits am Anfang, wenn Sie noch recht unvollkommen mit dem Instrument der Aufmerksamkeit umgehen können, wenn Sie noch oft in die alten Gewohnheiten zurückfallen, aber sonst von der inneren Bereitschaft her im Tao leben möchten, werden Sie bemerken, dass diese Kräfte bereits bei Ihnen wirksam sind. Solange Sie in Ihrem jetzigen Zustand verharren, sind Sie vom Tao und seiner Wirkungsweise durch die Zeit getrennt. Sie leben in der Zeit, selbst gewählt durch Ihre Denkweise, das Tao existiert einzig außerhalb der Zeit. Gegenwart ist nicht in der Zeit, Gegenwart, das Jetzt, der Augenblick, gehört zur Ewigkeit, Gegenwart hört nie auf. Zeit vergeht, die Stunden verschwinden, und nichts kann sie zurückholen. Wir wollen nicht philosophieren – dies ist ein praktisches Buch, das Ihnen helfen soll, das zu sein, was Sie wirklich sind, das Sie von den Irrtümern der Voreingenommenheit frei machen will.

Fassen wir zusammen. Das Denken erzeugt das Ich, das Ego, und dieses wiederum ist für das Zustandekommen von Gedanken verantwortlich. Beides bewegt sich in der Zeitform der Vergangenheit. Auch Zukunft ist auf ihre Art Vergangenheit, denn sie ist ein Produkt des Denkens und baut sich aus Erfahrungen der Vergangenheit auf. Um Denken einzugrenzen, es an seinen Platz zu verweisen, genügt es, die eigenen Gedanken zu beobachten. Sie werden dann allmählich abnehmen und oft sogar ganz verschwinden – ohne Gewaltanwendung. Unterdrücken nützt nichts. Wenn ich beschließe, meine Gedanken zu kontrollieren, ist dies wiederum ein Denkvorgang, und ich habe mich im Kreis bewegt. Beobachten der Gedanken ist Meditation. Diese bedarf keiner äußeren Form oder Körperhaltung. Mit dem Beobachten der Gedanken kehrt Ruhe ein im Geist, er wird klarer, leistungsfähiger und vor allem empfänglicher für die leise Stimme der Inspiration, die von jenseits der Zeit und des Denkens kommt. So kann der Mensch nach und nach vollkommen in der Gegenwart leben. Es ist einzig eine Frage der Konsequenz, mit der er seine eigene Trägheit überwindet und mit Beobachten anfängt.

Die Lebensweise des Tao

Wie lebt nun ein Mensch des Tao? Das sagt Dschuang Dsi:

Sie sind aufrecht und gerecht, ohne zu wissen, dass solches Tun Rechtschaffenheit darstellt. Sie lieben einander, ohne zu wissen, dass solches Güte ist. Sie sind ehrlich und wissen doch nicht, dass solches Treue ist. Sie halten ihre Versprechen, ohne zu wissen, dass sie damit in Glaube und Vertrauen leben. Sie stehen einander bei, ohne daran zu denken, Geschenke zu vergeben oder zu empfangen. So hinterlässt ihr Handeln keine Spur.

In der Dialektik des Taoismus ist hier von Menschen die Rede, welche die Qualität des «unbehauenen Klotzes» besitzen. Die Welt des unbehauenen Klotzes ist eine Welt voller Natürlichkeit, Absichtslosigkeit, frei von Motiven und Streben. Man lebt, ist offen für die Bewegungen des Daseins und empfängt alle Ereignisse mit offenen Armen. Der Mensch des Tao trifft seine Entscheidungen spontan. Nie analysiert er eine Situation, er erfasst ihren Gehalt intuitiv, und aus dieser Intuition erwächst die Tat. Auf diese Weise ist es dem kalkulierenden Verstand unmöglich, sich in Opposition zum Fluss des Tao zu stellen. Wer im Tao verweilt, weiß, dass er Herausforderungen des Lebens, seinen Nöten und Problemen nicht mehr mit Kampf, mit Macht oder Anstrengung antworten muss. Noch braucht er sich den Kopf zu zerbrechen, wie die Dinge zu lösen sind. Täte er dies, so würde er den Dingen mit unzulänglichen Mitteln begegnen und damit der Fortsetzung von Leid und Elend in seinem Leben Tür und Tor öffnen.

Der Mensch des Tao lebt vollkommen in der Gegenwart. Wohl besitzt er die Fülle seines Erinnerungsvermögens, aber er benutzt diese Erinnerungen nicht. Er grübelt nicht an Problemen herum. Er denkt, wenn er für seine Verrichtungen Wissen benötigt. Ansonsten lässt er Gedanken kommen und gehen, wie sie auftreten, ohne sich mit ihnen zu befassen oder sie festhalten zu wollen. Er gestattet ihnen nicht, dass sie sich bei ihm einnisten und wie früher breit machen. Er ist wie der Herbstwind, wenn er die braunen Blätter bewegt. Er berührt sie, aber nimmt sie nicht weit mit. Sie fallen vom Baum und werden wieder zu Erde. So verfährt der Mensch des Tao mit Gedanken. Wohl kann er nicht völlig darauf verzichten, dies käme einer Amnesie gleich und würde ihn lebensunfähig machen. Aber er verweist die Gedanken an den Platz, wo sie hingehören. An die Stelle der ewig plappernden Gedanken ist Aufmerksamkeit getreten. Er ist hellwach, ihm entgeht keine kleinste Kleinigkeit des Alltags. Und er durchschaut seinen Alltag mit völlig anderen Augen. Dort, wo ehedem sein reglementierter, konditionierter Verstand die Sinneseindrücke zensiert hat, erfährt er heute unmittelbar die Wirklichkeit ohne irgendwelche verzerrenden, korrigierenden Einflüsse. Sein Weltbild ändert sich und wird von Tag zu Tag frischer, unverbrauchter.

Der Mensch des Tao kennt keine Ungeduld. Überall, wo er sich befindet, ist er angekommen, ist er am Ziel, nämlich bei sich selbst. Er wartet auf nichts. Was geschieht, geschieht, und dieses nimmt er an. So wie der Kirschbaum im Frühling blüht und im Hochsommer die Früchte hervorbringt und darum aber nicht von Frühjahr bis Sommer wartet, bis endlich die Kirschen reif sind, sondern einfach da ist, existiert, so lebt der Mensch des Tao von einem Tag zum anderen. Er will nichts Besonderes werden, denn er ist. Es gibt nichts, was er

Besseres werden könnte, und er besitzt keinen Ehrgeiz nach Ehre und Ruhm. Ihm genügt sein eigenes, erfülltes Leben. Es ist ihm unwichtig, wie dieses Leben aus der Sicht anderer Menschen beurteilt wird, schließlich lebt er für sich und nicht für die Leute seiner Umgebung.

Der Mensch des Tao hat nicht versucht, seine eigenen Fehler, wie Gier, Neid, Eifersucht, Ehrgeiz, Furcht und wie sie heißen mögen, zu bekämpfen. Er hat sie als zu ihm gehörig akzeptiert, sie angenommen und sich mit ihnen als etwas Vertrautem, Menschlichem identifiziert. Er hat sie sorgfältig beobachtet, sich im Auge behalten, wie er in der Gegenwart auf Anreize von außen reagiert. Und er hat Erkenntnis über sich gesammelt, Einsicht gewonnen in die Tiefen seines Wesens. Unter dieser milden Aufmerksamkeit haben sich bei ihm die Dinge von innen heraus gewandelt. Wohl ist er nicht frei von Wünschen, aber er hängt nicht daran. Er ist fähig, sich materiellen Besitzes zu erfreuen, aber er besitzt, nicht der Besitz besitzt ihn. Er kontrolliert sich nicht andauernd, ob er die richtige Geisteshaltung besitzt, ja, er kann es sich leisten, sich gehen zu lassen, ganz locker zu leben, ohne jede Verkrampfung. Von keinem Menschen, von keiner Institution nimmt er Weisungen entgegen, wie sein Innenleben, sein Charakter beschaffen sein soll oder wie er sich seinen Mitmenschen gegenüber zu verhalten hat. Er lebt gemäß der inneren Autorität des Tao, aber auch dieser ist er sich nicht bewusst. Er denkt nicht nach über Moral und Gerechtigkeit, er weiß, er handelt richtig, wenn er gemäß den spontanen Impulsen handelt, die sich stets zur rechten Sekunde einstellen.

Er hat keine Sorgen. Die Vergangenheit mit ihren Hypotheken an gemachten Fehlern und Unzulänglichkeiten ist vorbei, sie existiert nicht mehr, und niemals kramt der Mensch des Tao in seinen Erinnerungen und holt den alten

Plunder hervor. Was er an schwerwiegenden Dingen früher getan hat, zu dem steht er, identifiziert sich ohne Furcht damit, besieht sich die begangenen Fehler. Aber damit hat es sich. Er quält sich nicht andauernd und reibt sich auf mit Selbstvorwürfen und nutzloser Reue. Probleme erkennt er im Ansatz und wendet ihnen sofort, ohne zu zögern, seine volle Aufmerksamkeit zu, besieht sie sich gründlich. Dann wendet er sich dem Tagesgeschehen zu und vergisst die Probleme wieder. Die durch ihn wirkende, grenzenlose Intelligenz findet die Lösung für ihn weitaus rascher und besser, als sein eigener begrenzter Intellekt es schaffen könnte. Auf diese Weise gelangen die Dinge von ganz alleine in Bewegung. Er tritt in Aktion, wenn der Impuls ihm das sagt, dann ohne Zögern, ohne Zweifel an der Richtigkeit seines Tuns.

Der Mensch des Tao kennt keine Depressionen, Neurosen oder psychosomatischen Krankheiten. Mehr und mehr öffnet sich ihm sein Unbewusstes. In diesen Bereich gelangen keinerlei Verdrängungen mehr. Denn was er erlebt, verarbeitet er direkt über die Sinne zum Bewusstsein, ohne dass der Verstand die Möglichkeit hätte, seine Zensur auszuüben. Darum ist er ausgeglichen, seine Stimmung ist voller Harmonie und Ruhe. Da er gelernt hat, sich an nichts, rein gar nichts zu binden, da er losgelassen hat, wohnt ihm eine vollkommene Gelassenheit inne. Nie wird er darum auf Ungewohntes, Unerwartetes nervös oder gereizt reagieren. Er ist fähig, die schönsten Seiten des Lebens in dem Augenblick zu genießen, wo sie sich ihm anbieten, er versucht nicht, die Freude, den Augenblick festzuhalten. Er hängt ihm nicht nach und versäumt dabei das, was in dieser Zeit weiter geschieht.

Er ist fleißig, aber in ihm wohnt keine Arbeitswut. Er benutzt die Arbeit ebenso wenig als Fluchtweg, wie er sich in anderweitige übertriebene Aktivitäten stürzt, um eine Schwäche zu kompensieren. Er arbeitet um des Vergnügens der Arbeit willen, nicht, um sie so schnell wie möglich fertig zu bringen. Er lässt sich nicht unter Leistungsdruck setzen. Und doch ist er leistungsfähiger als viele, die unter höchstem Energieeinsatz schuften. Gerade weil er so frei und ungebunden seinem Tagewerk nachgeht, um des Tagewerks und nicht um des Resultates willen, gelingen ihm die Dinge meist vollkommen.

Der Mensch des Tao ist schöpferisch. Seine Kreativität ist nicht beschränkt auf irgendeine Kunstfertigkeit – sie durchströmt sein ganzes Leben und ist in allen Dingen sichtbar, die er anfasst. Er ist sich dieser Kreativität nicht bewusst, sie ist irgendwann, eines Tages in sein Leben eingezogen, und seitdem wirkt sie durch ihn und bestimmt die Qualität der Tage und des Werkes mit. Er ist aufgeschlossen für menschliche Kontakte, gibt sich ungezwungen, offen und frei. Er sagt seine Meinung, lässt aber auch die Ansichten anderer gelten (ohne sich freilich selbst nach diesen zu orientieren). Er ist nicht rechthaberisch, vertritt aber klar seinen Standpunkt, ohne aggressiv zu sein oder andere überschreien zu wollen. Von Politik lässt er die Finger. Aber er beobachtet das Weltgeschehen sehr aufmerksam. Er fühlt sich für das Geschehen mitverantwortlich und verdrängt diese Verantwortung nicht. Er wendet nicht den Blick ab von Krieg und Völkermord, von Unfreiheit und Tyrannei. Er nimmt diese Dinge an als Bestandteile seines Lebens und sucht sie zu ändern, indem er ihnen Aufmerksamkeit widmet.

Er ist nicht genusssüchtig, aber voller Lebensfreude. Wenn er genießt, lebt er voll dem Genuss. Wenn er genossen hat, ist der Genuss für ihn vorbei, weder in Gedanken noch Wünschen hängt er dem vergangenen Vergnügen nach. Er schreitet weiter, bis ihm ein anderer Anlass zum Genießen begegnet. Er selbst sucht diese Anlässe aber nicht, sie bestimmen nicht seinen Lebensablauf. Für ihn gibt es keinen Grund, sich hinter Gewohnheiten zu verstecken, die ihm Lustgewinn bringen und ihn von der Misere des Lebens ablenken. Er stellt sich dem Leben ohne Furcht und benötigt derlei Ablenkungen nicht. Wenn er sie trotzdem dankbar akzeptiert, dann, weil das Annehmen schöner, erfreulicher Dinge bei ihm mit zum Erleben des Alltags gehört, genau wie Arbeit, Essen, Ruhen und Schlafen.

Der Mensch des Tao hat ein unkompliziertes Verhältnis zu seinen Gefühlen. Er akzeptiert sie und lässt ihnen ungehindert ihren Lauf, ohne irgendwelche Versuche zu machen, Gefühle zu unterdrücken oder gar sich ihrer zu schämen. Für ihn ist Freude Freude, und Trauer ist für ihn Trauer. Gefühle existieren für ihn nicht als verbale Begriffe, er horcht nicht in sich hinein, was sich dort regt, und stellt anschließend fest: «Aha, ich liebe.» Für ihn sind auch Gefühle nicht nur Kontraste anderer Gefühle, also Hass das Gegenteil von Liebe, Freude das Gegenteil von Trauer. Für ihn ist Freude das, was sie ist, und Trauer ebenso. Nichts ist das Gegenteil von etwas anderem. Und der Mensch des Tao erfährt Gefühle aus seinem Leben in der Mitte, er nimmt das, was Freude bereitet, ebenso frei entgegen und akzeptiert sie, wie er auch Leid hinnimmt, wenn es sich einstellen sollte. Und er erlebt diese Gefühle direkt, nicht interpretativ wie die Mehrheit der Menschen. (Wer lernt, Gefühle pur zu erfahren, wird feststellen, dass ihnen eine völlig neue Dimension der Wahrnehmung der Wirklichkeit innewohnt.)

Er strebt nicht nach Einfluss in der Gesellschaft und hat keine Neigung, dort eine Rolle zu spielen. Hat er Erfolg – und das hat er fast immer – und wird geehrt, dann steigt ihm Ehre nicht zu Kopf. Er ist im Herzensgrund voller Demut, weil er erkannt hat, dass sein Schicksal vom Tao gelenkt wird, wohl von ihm freien Willens akzeptiert, aber doch von unendlich weiser Hand gesteuert. Sollte er Aufgaben in der Öffentlichkeit übernehmen oder als Chef einem großen Unternehmen vorstehen, verliert er nie aus dem Auge, dass er selbst einer unter vielen ist und dass seine Mitmenschen gleich ihm voller Sehnsucht nach Zuneigung, Liebe und Menschlichkeit sind. Nach diesen Maximen handelt er. Profit bedeutet ihm nichts. Er strebt weder nach Gewinn noch nach Reichtum, denn er weiß, dass dieses Streben ihn unfrei machen würde. Auch ohne Streben fließen ihm die guten Dinge des Lebens zu, eben gerade weil er sie nicht mit Gewalt zu erringen sucht.

In einem Liebesverhältnis, einer Partnerschaft oder Ehe bewahrt er sich seine Selbständigkeit und innere Freiheit. Das heißt nicht, dass diese Freiheit als Untreue verstanden werden soll – der Mensch des Tao ist beständig –, es bedeutet, dass er die Integrität und die Bedürfnisse seines Partners in gleichem Maße respektiert wie die eigenen. Er ist fähig zu lieben, ohne besitzen zu wollen. Er betrachtet den Partner nicht als Privatbesitz, lässt sich aber ebenso wenig auf diese Art vereinnahmen. Er bewahrt seine Selbständigkeit und ist doch zu großer Liebe fähig. Ja, Liebe kann eigentlich nur unter diesen Umständen gedeihen.

Der Mensch des Tao lebt ein Leben ohne Probleme. Es erfüllt sich in der Gegenwart. Er orientiert sich an keinen Institutionen, Organisationen oder Religionen. Er lässt alle sein, wie sie sind, aber selbst hält er sich aus aller Verwirrung heraus. Er engagiert sich nicht, bleibt auch hier frei und ungebunden. Von sich aus drängt er niemandem seine Meinung auf, versucht nicht, andere zu seiner Lebensphilosophie zu bekehren. Zwangsläufig ist er Vorbild, und dieses Vorbild wird von anderen gesehen. Man bemerkt seine Gelassenheit, den Frieden, den er ausstrahlt, seine Vitalität – und seinen Erfolg, der scheinbar ungewöhnlich mühelos, ja Neid erweckend in seinem Leben wirkt. Wer ihn danach fragt, wird rückhaltlos Auskunft erhalten. Interessierten verweigert der Mensch des Tao die Anleitungen nicht, die zu einer Wandlung beigetragen haben. Aber er will kein Guru, kein Führer sein, weil er weiß, dass jeder Mensch den Schritt zu sich selbst alleine tun muss. Der andere, der ihm den Weg weist, ist bestenfalls die Landkarte, das Wegkreuz. Der Weg selbst, die Landschaft, die Straße, das ist der Einzelne selbst.

Tao statt Positives Denken

Wenn Sie sich vor der Lektüre dieses Buches bereits einmal mit den Ideen des Positiven Denkens beschäftigt haben, werden Sie Parallelen suchen zwischen der Lebenskunst des Tao, wie ich sie hier schildere, und den Anleitungen, die verschiedene Autoren zur Bewältigung von Lebensproblemen gegeben haben. Ich selbst bin über das Buch von Norman Vincent Peale darauf aufmerksam geworden, der dieses Thema ja vollständig aus der Sicht des Christentums des Neuen Testaments angeht beziehungsweise sich – wohl ganz natürlich in seiner Eigenschaft als Theologe – allgemein auf Bibelaussprüche bezieht. Später habe ich mich dann mit verschiedenen Varianten dieser Lehre auseinander gesetzt. Und es gibt in der Tat Gemeinsamkeiten zwischen Positivem Denken und dem Weg des Tao, allerdings mindestens ebenso viele gravierende Unterschiede.

Gemeinsam ist beiden, dass sie sich auf eine Macht beziehen, die in unser Leben hineinwirkt. Während Peale noch auf einen irgendwo an einem unzugänglichen Ort weilenden, allmächtigen Gott verweist, deuten die anderen Autoren ganz richtig auf das eigene Innere des Menschen und erklären dieses für den Ausgangspunkt kosmischer, transpersonaler Energien. Allen Lehren des Positiven Denkens gemeinsam ist die Erkenntnis, dass das Denken alleine keine Wirkung erzielt. Es ist ihrer Aussage nach vielmehr in erster Linie der Ausdruck einer neuen, alles Negative verneinenden Methode, die Wirklichkeit des Alltags zu sehen. Zur Lösung von Lebensproblemen wird vorgeschlagen, dass man den Blick nicht auf dieses Problem richtet, sondern auf die Lösung. Und zwar dergestalt, dass man sich das Problem ganz intensiv in seinem gelösten Zustand vorstellt, und dies möglichst bildhaft und anschaulich. Weiter wird empfohlen, dass man die künftig erstrebte Lösung in der Gegenwartsform formuliert, also in seinen Vorstellungen den angestrebten Zustand als erreicht ansieht. Sie sollen, wenn Sie sich Geld wünschen, also nicht denken und imaginieren: «Ich werde Geld haben», sondern: «Ich habe Geld» – oder: «Ich bin reich.» Mit diesen gedanklichen Formeln wenden Sie sich an eine Adresse, die jenseits Ihres wachen Bewusstseins liegt. Peale nennt es einfach Gott, die anderen das Unbewusste, Unterbewusstsein oder Ihr höheres Selbst. Im Prinzip sind dies alles Synonyme für das große Tao (das seinerseits wieder ein Synonym ist für das Unaussprechliche, wie die chinesischen Weisen es bezeichneten). Namen sind Schall und Rauch, Gebilde unseres begrenzten Denkens, und sie verfehlen stets den Inhalt, auf den sie weisen.

Den Vätern des Positiven Denkens war jedoch klar, dass der Verstand keinen Zugang zu dieser Dimension hat. Sie können ewig denken und meinetwegen vor sich hin murmeln: «Ich bin gesund»; solange diese Idee nicht auf irgendeine Weise aus dem rein materiellen Kreis von Bewusstsein und Denken herausgelangt, wird keine Veränderung Ihres Zustandes eintreten. Es galt nun, zusätzlich zum Denkvorgang etwas zu finden, das bewirkte, dass die Anliegen und Wünsche des Denkers auch in jenen Bereich durchdrangen, wo diese Autorität weilt. Als Lösung bot sich die Autosuggestion an, entweder in der Form intensiver Konzentrationsübung, wobei die Problemlösung fokussiert wird, bis der Komplex selbsttätig in tiefere Bereiche des Bewusstseins absinkt, oder durch Denken, praktiziert in einem Zustand selbst erzeugter Tiefenentspannung, oder in Verbindung mit einer dem Gebet verwandten oder mit ihm identischen Meditation, bei der unverbrüchlicher Glaube aufzubringen ist. Überhaupt spielt das Ablehnen jeglichen Zweifels eine große Rolle für das Gelingen des Spiels mit Wunschgedanken und der Beeinflussung des eigenen Schicksals mittels dieser Methode. An sich fordert nicht nur Norman Vincent Peale diesen Glauben an das Gelingen, er wird eigentlich von allen Interpreten der Schule des Positiven Denkens als notwendig für das Funktionieren vorgegeben. Und damit wären wir bereits bei der gravierenden Schwäche der Methode angelangt (wobei ich nicht sage, dass sie nicht funktioniert, wenn sich jemand genügend anstrengt).

Doch lassen Sie uns der Reihe nach vorgehen. Die grundlegende Übereinstimmung zwischen Tao und dem Positiven Denken besteht im Urgrund der Macht, aus der heraus wir Änderung unserer Lebensumstände erhoffen – und sie auch bekommen. Diese Kraft ist eine Dimension, die jedem Menschen innewohnt. Er besitzt sie von Anfang an und braucht sich nicht zu bemühen, dass er sie auf irgendeine Art an sich heranziehe. Ebenfalls gemeinsam ist die Erkenntnis, dass diese Dimension nicht durch schieres Denken, durch einen intellektuellen Vorgang zu erreichen ist. Und dann scheiden sich die Wege. Diese führen wohl am Ende, im Effekt, zwar wieder zusammen, aber die Strecke dazwischen weist keinerlei Gemeinsamkeit auf. Beim Positiven Denken wird unterstellt, dass diese kosmische Macht eine Art Automatismus ist, der man im Denk- und Imaginationsmodell genau vorzugeben hat, wie die gewünschte Lösung aussieht. Oder man lässt Details offen, konzentriert sich aber nicht auf das Problem selbst, sondern auf den Endzustand. Die Autoren des Positiven Denkens weisen stets darauf hin, dass man hier keine gedanklichen Fehler machen dürfe, weil sonst leicht das Gegenteil des angestrebten Zustandes eintreten könne. Es geht also darum, sich mit der Lösung zu identifizieren und nicht mit dem Problem. Uneingestanden wird hier der inneren Autorität des Menschen einsichtige Intelligenz entweder abgesprochen oder ihr stereotype Funktionsweise angedichtet. Tatsächlich scheinen diese Kräfte im Menschen recht starr und unbeweglich zu reagieren, wenn man sie einzig mit dem Denken zu berühren versucht und, die tatsächliche Misere unterdrückend, mit den Vorstellungen vollzogener Wandlungen im Leben die an sich schon pausenlos stattfindende Flucht vor der Realität energisch fortsetzt.

Das ist die gravierende Schwäche dieser Philosophie. Positives Denken zwingt dem Praktizierenden das Abwenden von der Realität förmlich auf. Der Mensch hat sich von Jugend auf von seinen Gefühlen entfremdet. Was wir heute wahrnehmen und als Gefühle interpretieren, ist in Wirklichkeit nur Denken über Gefühle, aber es sind nicht die Gefühle selbst. Wir haben niemals richtig gelernt, unsere innersten Regungen zu beobachten, uns ihnen uneingeschränkt zu stellen, sie auszuleben. Stets stand zwischen dem Gefühl und uns der Gedanke. Anstatt seine Gefühle zu besehen und sich mit ihnen zu identifizieren, ‹Ja› zu ihnen zu sagen, verdrängt der Mensch, was ihm unangenehm ist. Dass er bei dieser Vorgehensweise auch jenseits der positiven Gefühlsinhalte lebt, bemerkt er nicht, weil er für Liebe, Glück, Wohlbehagen intellektuelle Begriffe gebildet hat und diese für Liebe und so weiter hält.

Mit positiven Gedanken ignoriert der Mensch die Misere seines Daseins, verleiht ihr in seiner Phantasie, in seinen Imaginationen, seinen Tagträumen ausschweifend oder zielgerichtet einen anderen Inhalt als den wirklich vorhandenen. Wo er zuvor schon nicht die Realität begreift, weil er seinem Bewusstsein nur jene Prozesse des Lebens zugänglich macht, die mit den allgemeinen Richtlinien der Zivilisation einhergehen, in der er lebt, entfernt er sich damit nun vollends von sich und seinen Problemen. Mit diesem Denken wertet er sein Ego auf, stärkt es. Denn das menschliche Ich, das Ego, ist ein reines Produkt von Denken und Gedanken. Wo der Mensch des Tao sucht, davon loszukommen, Denken an den Platz zu verweisen, wohin es gehört, wird hier dieses Anhaften an materiellen Prozessen förmlich unterstützt. Ausschließlich so zu leben, dass ich meine Probleme verdränge, sie ignoriere oder gedanklich umwandle und mir Lösungen dieser Probleme oder Lebensumstände suggeriere, ist Stückwerk. Ich entferne mich damit geradezu von der Ganzheit der Wahrnehmung des Lebens. Ich gewinne Fluchtdistanz zur Realität, nicht zur relativen Realität, wie ich sie grundsätzlich sehe, sondern zu der absoluten Realität. Diese kann ich niemals unverfälscht wahrnehmen, wenn ich mich andauernd in einem Nebel von Illusionen bewege. Das Tao lehrt uns Loslassen von allen Bindungen und Ablehnen aller fremden Autorität. Ein Mensch des Tao unterwirft sich keiner Ideologie, keinem Reglement. Einzig die Autorität des Tao selbst ist für ihn richtungweisend. Wer sich dem Positiven Denken verschreibt, verweilt weiterhin im Bannkreis seiner Bindungen und Abhängigkeiten. Diese Art von Denken macht nicht frei. Wohl mag es funktionieren, dass bei entsprechendem Glauben Probleme sich lösen, aber Angst und Lieblosigkeit werden weiterhin das Leben eines solchen Menschen bestimmen, ganz gleich, was er sich in seinen Gedanken vorgaukelt. Und, da er die subjektive Realität zusätzlich noch korrigiert, Teilaspekte negativer Art ignoriert, werden immer wieder Zweifel an der Richtigkeit seines

Handelns auftauchen. Glaube und Zweifel sind beides Erzeugnisse von Gedanken. Sie sind Materie und haben erst mittelbar Auswirkungen auf unser Dasein. Glaubensmaximen (oder andauernder Zweifel oder Zweckpessimismus) wirken erst dann in den Alltag hinein, wenn sich aus den gläubigen Gedanken eine Suggestion ergeben hat, die tiefer als das eigentliche Denken wirkt. Erst der dem Bewusstsein entzogene Vorgang verändert unser Schicksal oder bestimmt es letztlich. Und der Mensch des Positiven Denkens sucht Unabhängigkeit und Sicherheit, indem er den Glauben an die Macht seines höheren Selbst, seiner inneren Autorität oder Gottes aufbringt. Aber damit wird er nicht frei. Er hat lediglich der Abhängigkeit und Bedingtheit seiner Existenz eine neue Dimension hinzugefügt, nämlich die Abhängigkeit an diesen Glauben. Vom Menschen des Tao wird kein Glaube verlangt. Er ist. Nichts weiter. Er mag glauben oder zweifeln, solange er das ist, was er eben ist, kann weder das eine noch das andere irgendeine Auswirkung für ihn haben. Er bewegt sich frei von Abhängigkeiten und Autorität durchs Leben. Aus dieser Freiheit heraus sieht er die Dinge, wie sie tatsächlich beschaffen sind, er macht sich nichts vor, erzeugt keinerlei Illusionen. Er vertraut der Macht aus Erfahrung, nicht aus Glauben. Wenn sein Leben düster ist, voller Mühsal und Sorge, dann erkennt er das und ignoriert es nicht. Er sagt ‹Ja› zum Leben, wie es sich ihm darbietet. Die finsteren Seiten akzeptiert er genauso wie die Sonnenseite. Er identifiziert sich mit seiner Furcht, statt sie zu unterdrücken oder sie durch allerlei Fluchtmechanismen zu überspielen. Und dadurch gewinnt er Macht über die Furcht. Sie verschwindet aus dem Leben, eben weil er vor ihr keine Angst hat.

Sehen Sie, liebe Leser, das ist das ganze Geheimnis. Durch das Annehmen aller Dinge, die das Leben bietet, gerät der Mensch des Tao nie in Konflikt mit der Wirklichkeit. Er besieht sich die Vorgänge, ohne mit Gedanken daran drehen zu wollen oder zu versuchen, sie zu verändern. Die Veränderung – und das ist sehr wichtig zu wissen – bewirkt die gewaltige Intelligenz des Tao ganz von selbst. Es muss uns ganz und gar nicht gefallen, was wir in unserem Leben wahrnehmen, was wir objektiv und ehrlich besehen. Wir können es vollkommen unkommentiert lassen. Unangenehmes, Probleme, Konflikte erkennt unsere jenseits des Verstandes existierende Intelligenz, bevor sie uns überhaupt zu Bewusstsein gelangen. Darum ist es witzlos, hier mit unseren beschränkten Fähigkeiten Ideen, wie unser Leben aussehen soll, vorzugeben und uns daran festzuklammern. Die Kräfte des Tao wollen frei und ungehindert fließen können. Mit jeder Maßnahme eigener Initiative würden wir dem Wirken nur entgegenarbeiten. Außerdem wird unser eigenes spontanes Handeln gleichfalls von dieser außergewöhnlichen Kreativität beflügelt, sodass unser Leben bereits infolge dieser treibenden Energie einen ganz anderen Verlauf nimmt als seither.

Überhaupt: Erinnern Sie sich einmal, was für Sie im Leben bisher wichtiger war. Ob Ihnen Ihre Wünsche in Erfüllung gingen oder ob Sie fähig waren, stets die richtigen Entscheidungen zu treffen. Wenn Sie ehrlich sind, werden Sie bestätigen, dass versagte Wünsche selten Schaden angerichtet haben, im Gegenteil, manchmal war es recht gut, dass der eine oder andere Wunsch nicht realisiert wurde. Weitaus einschneidender im Leben eines jeden Menschen sind die Folgen von Entscheidungen, die er trifft. Da können Fehler sich ein ganzes Leben lang verheerend auswirken, und rechtes Handeln kann von ungeheurem Segen sein.

Der innere Dialog und das I Ging

Die Geisteshaltung des Tao ist von Natur aus positiv. Wer, so gut es ihm möglich ist, in der Gegenwart lebt und seine Sinne auf die Dinge ausrichtet, die gerade um ihn geschehen, bleibt unberührt von den Belastungen der Vergangenheit. Die Vergangenheit stellt für ihn ein Gebilde von Erinnerungen dar, deren er sich nur zum Zweck der Orientierung bedient. Sorgen macht sich der Mensch des Tao keine, weil er Problemen sofort nach ihrem Auftauchen seine Aufmerksamkeit zuwendet, statt sie zu verdrängen und ihnen so die Möglichkeit zu geben, dass sie einen andauernden unterschwelligen Druck ausüben. Wenn Sie diese wunderbare Kunst, den Dingen allzeit gerade ins Auge zu schauen, einmal beherrschen, werden Sie erst erfahren, wie schön und unbeschwert das Leben sein kann. Herausforderungen, wie sie auch beschaffen sein mögen, stellen dann keine Bedrohung des inneren Friedens mehr dar, sondern werden als das angesehen, was sie in Wirklichkeit eben sind, Herausforderungen an die uns innewohnenden Möglichkeiten. Und diese Möglichkeiten sind niemals schwächer oder geringer als der Druck, der von außen an uns herantritt.

Es gibt ein Mittel, mit dieser Dimension jenseits des Denkens trotz der Abspaltung, unter der wir seit unserer Kindheit leben, in Verbindung zu treten, Fragen zu stellen und Rat einzuholen. Wer vom Leben aus der Mitte des Tao weiß, ist auch informiert darüber, dass seit Jahrtausenden untrennbar mit dem Tao das Buch der Wandlungen, I Ging genannt, verbunden ist. Es gibt eine unüberschaubare Anzahl von Büchern über das I Ging, und ich will hier vermeiden, den Inhalt dieser Bücher zu wiederholen. Wenn Sie sich entschließen, die im I Ging tatsächlich vorhandenen Möglichkeiten auszunutzen, werden Sie ohnehin nicht umhinkommen, sich ein ordentliches Buch darüber zu kaufen, weil zur Arbeit mit dem I Ging eine gute Übersetzung als Nachschlagewerk unerlässlich ist. Je nach Ermessen der Übersetzer gelangt dann ein Werk in Ihre Hände, das als Orakel angesehen wird, von manchen Leuten als Gesellschaftsspiel, von ernsthaften Anhängern des Tao aber als sicheres Instrument, mit dem sie an der unendlichen Weisheit dieser kosmischen Kraft partizipieren können. Und aus eigener Erfahrung kann ich Ihnen versichern, dass das Letztere absolut möglich ist. Sie werden mit der Zeit ein Vertrauensverhältnis zum I Ging entwickeln und der Methode, Einblick in die Tiefen Ihres Inneren zu gewinnen, immer mehr Raum bei Ihren Planungen einräumen. Es gibt Menschen, die von sich berichten, dass sie für jeden Tag des Jahres im Voraus das I Ging befragen und sich das Ergebnis notieren. Dann vergleichen sie jeweils am aktuellen Erleben, inwieweit die vom I Ging vorausgesagten Ereignisse zutrafen beziehungsweise die empfohlenen Handlungen berechtigt waren. Sie geben Zeugnis von der erstaunlichen Genauigkeit der Empfehlungen dieses Buches.

Obgleich die Schriften von Laotse und Dschuang Dsi erst in den letzten zwei- bis zweieinhalbtausend Jahren entstanden sind, reicht die Geschichte des Tao bedeutend weiter zurück, wo sie sich dann allerdings in dunkler Ferne verliert. Wohl haben die beiden oben genannten Autoren das I Ging in ihren Schriften nicht erwähnt, der Bezug zum Tao wurde erst später hergestellt, aber trotzdem ist die Philosophie des I Ging in seiner Eigenart untrennbar mit der des Tao verbunden. Die ersten Indizien vom Gebrauch des Orakels liegen weit zurück. Sie datieren bis zu 3000 Jahren vor unserer Zeitrechnung. Heute wird die Befragung mittels dreier Münzen durchgeführt, die man sechsmal wirft und die aus der Verhältniszahl von Kopf oder Zahl entweder einen durchgehenden Strich (–) oder einen unterbrochenen (- -) ergeben. Der durchgehende Strich symbolisiert das Männliche, Yang genannt, der unterbrochene das Weibliche, Yin genannt. Aus diesen sechs übereinander stehenden Strichen ergibt sich ein Hexagramm. Maximal sind 64 solcher Hexagramme möglich, und das Buch der Wandlungen beinhaltet genauso viele Sprüche oder Urteile, wie sie dort genannt werden. Früher, in der Anfangszeit, verwandte man dazu Knochen, die geworfen wurden und in die sowohl Fragen wie Antworten geritzt waren. Noch heute finden Bauern beim Pflügen solche archäologischen Knochen in verhältnismäßig großer Zahl. Ich will nicht weiter auf die Handhabung der Hexagramme eingehen, das finden Sie in jedem Buch über das I Ging wesentlich besser, und Sie mögen es gegebenenfalls dort nachlesen.

Worum es mir geht, ist, Ihnen darzulegen, wie der innere Dialog mit Ihrer kosmischen Autorität funktionieren kann und wie Sie sich diese Entscheidungshilfe verschaffen können, die Ihnen sicheres Handeln in allen Lebenslagen gewährleistet. Wohl lässt sich dieser innere Dialog auch ohne das Medium des I Ging zustande bringen, aber das erfordert viel Erfahrung, weil dabei stets die Gefahr des Selbstbetrugs durch eigene Gedanken besteht. Dieser ist bei konsequenter Handhabung des Buches der Wandlungen so gut wie ausgeschlossen. Ich gehe trotzdem später noch auf die Handhabung des genannten inneren Dialogs, des Gesprächs mit Ihrem Tao, ein, aber zuvor will ich Sie mit den Möglichkeiten des I Ging in seiner praktischen Anwendung vertraut machen.

Wer das I Ging als Gesellschaftsspiel ansieht, hat die Dinge nur an der Oberfläche betrachtet, und er weiß von sich ebenfalls nur die Dinge, die sich mehr an der Außenseite seiner Persönlichkeit befinden. Die Texte im Buch der Wandlungen könnte man als vieldeutig oder mystisch ansehen, wenn man sich flüchtig damit beschäftigt. Das Problem ist hier auch die Übersetzung. Chinesisch ist eine Symbolsprache und überlässt dem Übersetzer weiten Spielraum für eigene Interpretationen. Das können Sie am einfachsten an Gedichten erkennen, die aus dem Chinesischen übersetzt worden sind. Da erkennt man manchmal das gleiche Gedicht nicht wieder, weil es jedes Mal einen anderen Übersetzer hatte. Trotz dieser scheinbaren Mängel erfüllt das I Ging seinen Zweck. Wer im Geiste des Tao zu leben versucht, wird bald gewahr, dass seine Intuition an Intensität und Kraft zugenommen hat. Und ohne diese Intuition wird Ihnen I Ging ein Buch mit sieben Siegeln bleiben, oder Sie bleiben unfähig, den für Sie als Botschaft enthaltenen Sinn herauszufinden.

Die Vorgehensweise, wie das Orakel befragt wird, ist recht einfach. Nehmen wir an, Sie hätten ein Problem (und wer hat schon keines?). Jetzt befassen Sie sich in Gedanken ganz intensiv mit diesem Problem. Dann hören Sie auf, darüber nachzudenken, versuchen aber, dieses Problem trotzdem zu besehen, diesmal möglichst neutral, ohne irgendeine Deutung hineinzulegen oder Ausschau nach einer Lösung zu halten. Ich weiß, das ist am Anfang schwierig, es mag Ihnen vorkommen, als ob Sie mit der Abkehr vom Denken zugleich den Bezug zu diesem Problem verloren hätten. Aber das erscheint nur so. In Wirklichkeit haben Sie gerade dann, wenn Sie gedanklich Abstand genommen haben und das Problem höchstens noch als Ahnung vor Ihrem Geist schwebt, die maximal erreichbare Nähe erzielt. Aus diesem Problem ergibt sich die Frage, die Sie dem I Ging (das stellvertretend für Ihr Tao fungiert) stellen wollen. Schreiben Sie diese Frage einfach auf, klar und unzweideutig, also nicht «soll ich» oder «soll ich nicht», kein Entweder oder Oder. Das Aufschreiben ist nicht unbedingt notwendig, aber da Sie wegen der Hexagramme, die Sie aufschreiben müssen, sowieso mit Stift und Papier arbeiten, bietet es sich an.

Nachdem Sie einen festen Bezug zu Ihrer Frage, Ihrem Problem hergestellt haben, werfen Sie drei beliebige Münzen sechsmal. Daraus können Sie jetzt dieses Hexagramm aufzeichnen, das sind diese sechs übereinander gezeichneten, durchgehenden oder unterbrochenen Striche. Jetzt brauchen Sie Ihr I-Ging-Buch. In jedem dieser Bücher ist eine Tabelle enthalten mit den 64 möglichen Hexagrammen und einer dazugehörigen Zahl, die Ihnen Aufschluss über den Text der Antwort auf Ihre Frage gibt. Sie erhalten also eine von 64 Antworten. (In der Praxis ist die Zahl durch die so genannten Wandlungen weitaus vielschichtiger, aber das lesen Sie besser in einer speziellen Arbeit nach.) Sie suchen nun die entsprechende Antwort heraus und können sich in den Text vertiefen. Ich selbst beachte in der Regel nur die wenigen Zeilen des so genannten Urteils, das meist ganz am Anfang steht. Aber das bleibt Ihrem Gefühl und Ermessen überlassen. Es ist durchaus möglich, dass Ihre Antwort in einem einzigen Hinweis besteht, der sich innerhalb von anderthalb Druckseiten verbirgt. Aber jetzt kommt Ihre Intuition ins Spiel. In der Regel wissen Sie bald ganz genau, wie die Antwort für Sie lautet. Nach meiner Erfahrung funktioniert dieses System der Befragung absolut richtig. Bei den Antworten sollten Sie vor allen Dingen berücksichtigen, dass infolge der Art, wie Sie Ihr Problem besehen haben, wie Sie ihm nahe gekommen sind, wahrscheinlich bereits die Lösung unbemerkt von Ihnen in die Wege geleitet wurde. Denn jedes Problem beinhaltet zugleich die Lösung in sich selbst, das stimmt, so paradox die Aussage auch klingen mag. Anders, wenn Sie Fragen, die die Zukunft betreffen, stellen. Sie dürfen ruhig davon ausgehen, dass diese Dimension, die fester Bestandteil von Ihnen ist, nicht an Zeit gebunden ist. Ihre Wirkungsweise geschieht in der ewigen Gegenwart, welche das, was Sie Zukunft nennen, vollkommen mit einschließt. Hier gibt es immer wieder unsinnige Interpretationen, indem jemand behauptet, aus der Zukunft könne es entweder keine Informationen geben, weil die Dinge bislang noch nicht geschehen seien und niemand wisse, wie sie letztlich geschehen würden, oder man unterstellt, dass ein heute schon ersichtliches Ereignis in der Zukunft nur dann erfahrbar wäre, wenn unser Verhalten vorgegeben wäre, wir also keinen freien Willen besäßen. Beides ist kompletter Unsinn. Wenn diese Macht weit über der Zeit steht, dann heißt das einzig und allein, dass alles, was Sie in Zukunft aus freier Willensentscheidung tun, bereits einsehbar ist. Über den Weisen des Tao steht geschrieben, er sehe die Spur des Vogels in der Luft, ehe er dort geflogen ist. Das ist damit gemeint, wenn ich sage, Ihr Geist, jener, der Ihrem Intellekt nicht zugänglich ist, überblickt die Spuren Ihrer künftigen Handlungen, bevor Sie diese ausgeführt haben. Gerade darin liegt der besondere Wert und die Bedeutung des I Ging.

Wenn Sie erst einmal eine Zeit lang im Geist des Tao leben, also möglichst oft in der Gegenwart verweilen, wird sich Ihre Intuition ohnehin viel stärker auswirken als bisher. Ihr Handeln wird spontaner, Sie lernen, Ihrer Intuition zu vertrauen, statt den Herausforderungen des Alltags mit gedanklicher Analyse zu begegnen. Es wächst in Ihnen auch die Eigenschaft, dass Fragen, die Sie sich im Inneren stellen, ebenso spontan ihre Antwort finden, ebenso aus Ihrem eigenen Geist heraus, ausgelöst durch die gleiche Kraft wie beim I Ging. Ich nenne dies den inneren Dialog. Wenn sich anfangs die Antworten nur zögernd einstellen, so kommt doch bald die Zeit, wo Frage und Antwort eine geschlossene Einheit bilden. Ihr Ahnungsvermögen wird gleichfalls eine neue Dimension gewinnen. In vielen Angelegenheiten werden Sie ohne weiteres Fragen oder Nachgrübeln von ganz alleine ein Gefühl, einen Instinkt für den künftigen Verlauf der Sache entwickeln. Dieser stellt sich von ganz alleine ein, Sie brauchen nichts weiter zu tun, als sich vertrauensvoll an ihm zu orientieren. Das ist überhaupt die Essenz der Lebenskunst des Tao, dass an der Stelle des Denkens, der intellektuellen Analyse, unsere tiefer angesiedelten Eigenschaften größeres Gewicht erhalten. Es liegt einzig an Ihnen selbst, in welchem Maße Sie diese naturgegebenen Gaben durch sich arbeiten lassen. Solange Sie bei allen Anlässen Ihren Verstand mit all seinen Voreingenommenheiten, seinem Besserwissen und seinen falschen Informationen über die Realität in den Vordergrund stellen oder ihn zwischen sich und Ihre anderen Sinne stellen, werden Sie nicht aus der Misere Ihres jetzigen Daseins herauskommen.

Unsere Gesellschaft und das verleugnete Selbst

Hätten Sie gedacht, dass die ersten Hippies damals an der Pazifikküste Kaliforniens Taoisten waren? Diese Leute meinten es ernst mit dem Ablehnen der Konditionierung seitens der Gesellschaft – aber als diese Subkultur sich ausbreitete, verwässerte die Idee des *wu wei*. Dieses entartete zum reinen Nichtstun. Auf diese Weise vereinigten sich im Kreis der Blumenkinder in der Folge mehr und mehr Tagediebe, Arbeitsscheue und überhaupt Menschen, die eigener Vergehen wegen mit der Gesellschaft zerfallen waren. Solche Leute reduzierten die Weisheit des Tao zum Alibi für ein Lotterleben.

Gewiss erhebt sich die Frage nach unserer Stellung in den Mechanismen der Gesellschaft, im Berufsleben, wenn wir von innen heraus Abschied genommen haben von fremder Autorität und frei und unverzerrt die wahre Realität unseres Lebens sehen. Ich will mich darum in diesem Kapitel mit Aussteigern befassen, mit der Idee vom alternativen Leben. Wir wollen untersuchen, ob ‹alternativ› nicht gleichfalls nur ein anderer Name, ein Synonym für eine nicht ganz so vordergründige Methode des Gebundenseins ist. Jede Idee, mag sie noch so edel und liberal erscheinen, fordert Einordnung in ihre Regeln oder Nichtregeln. Mit Nichtregeln meine ich das Befolgen von Verneinungen, also Forderungen, das und dies nicht zu tun (zum Beispiel mich zu rasieren oder ordentlich zu kleiden). Wer erkennt, wie sehr er im Leben von allen Seiten bevormundet wird, wie konditioniert sein Dasein ist, ja, wie korrupt er selbst geworden ist – weil er um des Vorteils willen Dinge akzeptiert, die ihm an sich zuwider sind –, der mag sehr wohl den Wunsch haben, dieser Enge und Maßregelung den Rücken zu kehren. Er rebelliert und sucht Wege, aus diesem Zustand herauszukommen. Eine gewichtige Rolle spielt dabei selbstverständlich die total verfahrene politische Weltlage, die Trennung der Menschen nach Rassen und Nationen, der Hass, der Unfriede, die sinnlosen Ideologien, der Fanatismus und die globale Grausamkeit. Und dann der Kontrast zu all diesem Elend: das Wohlleben der wirtschaftlich reichen Länder, die ihrerseits mit hohlen Phrasen mitmischen im Weltgeschehen, ohne selbst wirklich etwas zur Verbesserung beizutragen. Angesichts all dieser Unzulänglichkeiten sucht so mancher ein Loch, in dem er sich verstecken kann, bis der ganze hässliche Rummel, der sich Leben nennt, vorbeigegangen ist.

Einzelne und ganze Gruppen suchten und fanden dann solche «Löcher». Sie sonderten sich von der Gesellschaft äußerlich ab, zogen aufs Land hinaus und entfalteten dort ihre eigene Vorstellung vom Alltagsleben. Bei den Gruppierungen kann man die unterschiedlichsten philosophischen und religiösen Grundmotive erkennen. Eine bedeutsame Rolle spielt auch die allgemeine Verwüstung der Umwelt und die Tatsache, dass industriell kaum noch Lebensmittel erzeugt werden, die nicht mehr oder weniger vergiftet sind. Diese Bewegung aus der Gesellschaft heraus darf als absolut ehrlich motiviert angesehen werden, und dieser Ausstieg ist – seinen äußerlichen Konsequenzen nach – unbedingt echt. Freiheit von Normen schafft sicher Erleichterung im Leben. Denken Sie nur an die Kleiderordnung im Berufsleben. Es ist unvorstellbar, dass ein Bankkassierer eines Sommertages bei großer Hitze in einem arabischen Gewand hinter einem Schalter steht, wiewohl dies vernünftig wäre, wie die Bewohner glühend heißer Gegenden erkannt haben. Der arme Mann müsste mit Konsequenzen rechnen, von denen eine kurzfristige Beurlaubung und Entfernung vom Arbeitsplatz noch die mildeste wäre. Oder wer getraut sich, mitten in der Stadt barfuß zu laufen. Die modernen Menschen sind aller natürlichen Verhaltensmuster beraubt, und selbst wenn sie oft zu Spaziergängen die freie Natur aufsuchen, haben sie weitgehend die Beziehung dazu verloren. Insofern bietet alternatives Leben auf dem Lande durchaus Anreize und stellt eine Rückkehr zu Lebensgewohnheiten früherer Zeiten dar.

Aber dennoch bleibt Aussteigen aus der Gesellschaft, Rückzug zu einfacherem Leben, Stückwerk, solange es ein rein äußerlicher Vorgang der Abtrennung von der bisherigen Art zu leben ist. Jeder, der aussteigt, nimmt sein ganzes inneres Gepäck mit. Wo er sich auch aufhält, schleppt er die ins Unbewusste abgedrängten Belastungen und Traumata unerwiderter Liebe früher Kindheitstage mit und den nicht wahrgenommenen Selbsthass wegen der Unterwerfung, die er damals vollzog, um der scheinbaren Elternliebe nicht verlustig zu gehen. Und damit wären wir bereits beim Kern des Problems angelangt. Ich mag Fluchtwege aus der Gebundenheit gesellschaftlicher Konventionen finden, so viele ich will, solange ich mich nicht zugleich von der eigenen Gebundenheit meiner monströsen Anpassung an äußere (und inzwischen angelernte innere) Autorität lösen kann, ihren Ursprung begreife, nützt mir kein Platz auf der Welt als Freiplatz meiner Flucht vor dem Selbst etwas. Ausstieg und alternatives Leben erlangen nur dann einen Sinn, wenn ich die Freiheit von innen heraus suche anstelle eines äußerlichen Aktes der Veränderung. Wenn ich innere Freiheit erlange, spielt der äußere Rahmen für mein Wohlergehen eine bedeutend geringere

Rolle, während dieser Rahmen bei nur äußerlichem Ausstieg von sehr großer Bedeutung ist.

Es gibt wohl wenig Menschen in unserer Gesellschaft, in diesen Zeiten, die von sich sagen können, ihre Kindheit sei ohne Konflikte emotionaler Art verlaufen, sie seien im wahren Sinne psychisch völlig gesund erzogen worden und aufgewachsen. Die meisten mögen dies zwar behaupten, weil sie es nicht besser wissen und es sich auch einreden, aber die Wahrheit sieht leider anders aus. Mehr oder weniger die gesamte Menschheit ist von Kindheitstagen an abgespalten vom eigenen Selbst. Was hier lebt, handelt und denkt, ist ein künstliches Gebilde, entstanden in einem sehr langen Prozess der Anpassung an geltende Spielregeln – das Ego oder Ich. Das Ich existiert einzig auf der Ebene des Denkens. Von seinen wirklichen Gefühlen ist der Mensch total getrennt. Was Sie heute für Gefühle halten, sind Gedanken über Gefühle, es sind nicht die Gefühle selbst. Wir sind nicht in der Lage, die Relativität unseres Denk- und Gefühlshaushalts zu erkennen, weil wir für das Echte keinerlei Vergleichsmaßstab besitzen. Weder unseren Eltern noch uns sind echte Gefühle jemals begegnet. Das hört sich sehr hart an, aber leider stimmt es. Ich will Ihnen nur ein einziges Beispiel nennen: Wenn Sie im Radio oder in den Fernsehnachrichten erfahren, in Äthiopien herrsche wieder einmal Hungersnot und zahllose Menschen seien dem Tod geweiht, müssten elend zugrunde gehen. Was empfinden Sie dann? Sogleich nach Erhalt der Nachricht wohl Schock und ein gewisses Entsetzen, das gleichzeitig gepaart ist mit dem dankbaren Gefühl, dass Ihnen solches nicht widerfährt. Spätestens beim abendlichen Spielfilm haben Sie die hungernden Gerippe, die einmal Kinder waren, wieder für eine Weile vergessen, sie aus dem Auge verloren. Das ist möglich, weil Sie Mitgefühl nur als Gedanken verarbeiten, wahres Mitgefühl Ihnen aber aus allen möglichen Gründen (für die Sie momentan nichts können) vollkommen fremd ist. So verhält es sich nicht nur mit Mitgefühl, auch Liebe, Zuneigung, Wohlwollen, Freundschaft kennen Sie lediglich als Denkgebilde. Die konträren Gefühle wie Eifersucht, Hass, Neid, Zorn verdanken ihr Entstehen dem Fehlen echter Tugenden, wie ich sie oben aufgezählt habe. Wut und Gewalt sind leider echte Gefühle in uns, sie verdanken ihr Vorhandensein im Menschen einem Prozess, der gleichfalls in die früheste Kindheit zurückgeht und ein Symptom von Selbsthass ist. Aber ich möchte hier über Tao schreiben, nicht in die Tiefenpsychologie einsteigen, zumal es Wege gibt, aus diesem Dilemma herauszukommen, ohne den langen Weg über die Couch des Psychiaters anzutreten. Der Weg des Tao ist zugleich ein Weg psychischer Gesundung, es ist der Weg zurück zum abgetrennten Selbst.

Dieses Selbst ist der eigentliche, wahre Mensch in uns, den wir verleugnen, weil wir ihn weder kennen noch etwas von seiner Existenz wahrnehmen können. Infolge dieser Verleugnung, die wir durch unsere Art zu denken und zu leben praktizieren, sind wir von unseren echten Gefühlen vollständig abgeschnitten, denn diese existieren einzig in diesem Selbst. Einen gewagten Schritt des Ausstiegs bedeutet es darum, wenn wir uns von unseren Pseudogefühlen intellektueller Art – und das sind sie einstweilen beinahe alle – vollkommen und rigoros trennen und ihnen fortan gründlich misstrauen. Weiter bleibt uns in diesem Zusammenhang nur noch, dass wir uns unseren echten Gefühlen stellen, statt sie zu verdrängen. Sobald wir aufhören, über Gefühle nachzudenken, und wir versuchen, sie unmittelbar zu empfinden, sie zu beobachten, ihnen unsere Aufmerksamkeit zu schenken, werden wir ihre Existenz wahrnehmen. Denn vorhanden sind sie durchaus, nur erreichen sie uns in unserer Bedingtheit nicht mehr. Es ist sehr schmerzhaft, sich echten Gefühlen zu stellen, weil wir diese Konfrontation nicht kennen, ihr zeitlebens ausgewichen sind. Die meisten Menschen fürchten sich vor ihren Gefühlen. Viel lieber verstecken sie sich hinter ihrem Denken, errichten einen Schutzwall gegen die scheinbare emotionale Bedrohung. Aber um frei zu werden, führt kein Weg an unseren Gefühlen vorbei, mögen sie zu Anfang noch so schmerzhaft und unerträglich erscheinen. Sobald Sie sich dafür entschieden haben, alles, was an Gefühlen in Ihnen existiert, hochkommen zu lassen, es intensiv anzuschauen, diese Gefühle zu durchleben, erwächst Ihnen daraus eine kolossale Kraft, von deren Vorhandensein Sie bisher keine Ahnung hatten. Und in diesem Wechselspiel von erlebten, akzeptierten Gefühlen und erwachsener Kraft gewinnen Sie Bezug zu Ihrem Selbst, finden zurück zu Ihrem ursprünglichen Wesen, von dem der Mensch sich so weit entfernt hat. Der Mensch ist sich selbst fremd geworden. Wesenszüge des eigenen Selbst erachtet er als Schwäche, er lehnt sie ab, weil er ihre Kraft nicht kennt. Sie sollten aus diesen Aussagen nun keineswegs schließen, bei Gefühlen handle es sich ausschließlich um negative Inhalte, ich rede in gleichem Maße von Mitgefühl, Liebe, Freude und was es sonst noch gibt. So paradox es klingt, auch gegenüber so positiven Gefühlen wie Liebe und Mitleid sperrt sich der Mensch unserer Zeit. Er fürchtet sich vor jeder Art echter Gefühle, ganz gleich, welchen Inhalts sie sind. Dabei kennt er diese Dimension überhaupt nicht, denn sie sind Wesensmerkmale seines seit der Kindheit verschütteten Selbst. Das Ego, das Ich, ist niemals echter Gefühle fähig, es interpretiert nur intellektuelle Reaktionen auf Ereignisse auf eine bestimmte, angelernte Weise.

Das Rezept, die Kunst des Tao, lautet infolgedessen: Lassen Sie all Ihren Gefühlen Raum, erlauben Sie ihnen, sich in Ihnen voll zu entfalten. Entziehen Sie sich in Zukunft keiner aus Ihrer eigenen Tiefe kommenden Regung mehr. Das ist ein sehr harter Schritt, denn er wird anfangs mit großer Angst verbunden sein. Es ist dies die Furcht vor der Wirklichkeit des Selbst, vor der Identifikation, die Ihr Ego mit seinem realen Widerpart, seinem härtesten Feind, vornehmen muss. Aber dieser Zustand der Furcht muss bald weichen, Platz machen jener Kraft, von der ich gesprochen habe. Diese frei werdende Energie schaukelt sich gewissermaßen auf, und zwar in dem Maße, wie Sie sich Ihren Gefühlen öffnen und auch dieser anfänglichen Furcht gestatten, in Ihnen aufzustehen. Wenn Sie so handeln, wird die Furcht ganz gewiss verschwinden, nicht nur im Augenblick, sie wird mehr und mehr Boden verlieren und in ganz kurzer Zeit keinen Raum in Ihrem Leben mehr haben.

Aussteigen bedeutet in seiner wahren Funktion also in erster Linie das bewusste Abtrennen Ihrer Gebundenheit an falsche Gefühle, an die Leere und Inhaltslosigkeit emotional erscheinender Denkvorgänge und die Zuwendung zu wirklichen Empfindungen, die aus Ihrem Selbst kommen. Dadurch finden Sie Kontakt mit sich selbst, und daraus erwächst große Energie. Wenn Sie außerdem fähig sind, Ihre Bindungen zu durchschauen, die Art, wie Sie von Ihren Lebensumständen gefesselt sind, und all das beobachten, wahrnehmen, dann erlangen Sie ein großes Maß an Freiheit und Autonomie. Dazu bedarf es dann keiner Rebellion, die sich in ungewöhnlicher Kleidung oder seltsamem Gehabe ausdrückt. Sie sind dann ganz gewiss anders als Ihre Mitmenschen, aber dieses Anderssein kommt von innen, ist echt, nicht aufgesetzt wie eine nach reinen Äußerlichkeiten orientierte Lebensphilosophie. Dann können Sie aufs Land ziehen und eigenes Gemüse anbauen, Vegetarier werden und sich der Friedensbewegung anschließen – oder auch nicht. Wo Sie dann sind, was Sie dann tun, spielt im Grunde keine wesentliche Rolle. Sobald Sie beginnen, aus Ihrem Selbst heraus zu fühlen, Tag für Tag in der Gegenwart zu leben, sind Sie auf dem Pfad der Selbstverwirklichung; der Pfad selbst, Ihr Alltag, ist dann diese Verwirklichung.

Liebe und Partnerschaft

Das komplizierteste und vielschichtigste Gebilde vielleicht unter den menschlichen Beziehungen sind jene Verbindungen, die wir gemeinhin mit Liebe oder Liebesbeziehung bezeichnen. Es verbirgt sich unter diesem irreführenden Sammelbegriff eine wahre Fundgrube extrem differenzierter Zusammenhänge menschlicher Bindungen und Abhängigkeiten und ebenso die Quelle von viel Leid und Verwirrung. Es gibt auch kaum einen Bereich, von dem uns aus der Vergangenheit und Überlieferung eine derartige Summe horrenden Unsinns überliefert ist, und wohl kein Thema ist mit so viel verfälschenden Deutungen behaftet wie die Liebe.

In der Volksmeinung gilt die Mutterliebe als die höchste Inkarnation dieses Gefühls. Die Kirche predigt die Liebe Gottes zu den Menschen, das Christentum verweist auf den Opfertod Jesu, der sein Leben aus Liebe zu der sündigen Menschheit und um ihrer Erlösung willen hingab. Dichter besingen mit dem ganzen Instrumentarium ihrer Poesie die Liebe zwischen Mann und Frau, Liebe über den Tod hinaus, wie bei Romeo und Julia oder Werthers Selbstmord aus unerfüllter Zuneigung. Wenn man all diese Erscheinungsformen mit dem Verstand besieht, in ihnen Denkmodelle erkennt, die etwas verherrlichen, was der Mensch in seiner vollen Wirkungsweise noch nie besessen hat, könnte darin ein gewisses Maß von Wahrheit gefunden werden. Solange wir Liebe denken und uns einbilden, wir würden lieben und geliebt werden, stimmt die Sache an der Oberfläche. Dann fallen uns Vergleiche mit klassischen Vorbildern leicht, wir suggerieren uns gegenseitige echte Zuneigung und fühlen uns da geliebt, wo in Wahrheit Egoismus, Besitzgier gegenüber dem anderen und persönliches Prestige unser Fühlen und Handeln bestimmen.

Ich will einräumen, dass in der Mutterschaft die Frau noch am nächsten bei ihrer ursprünglichen Fähigkeit zu lieben weilt und – Gott sei Dank – in vielen Fällen diese Liebe dem Kind vermittelt.

Aber gerade in dieser viel besungenen Mutterliebe liegt die Wurzel für so viel Leid auf der Welt verborgen. Ihr Fehlen beziehungsweise ihre Verfälschung, ihre Zweckbezogenheit sind die tiefe Ursache der heutigen Abspaltung des Menschen von sich selbst; seiner Unfähigkeit, sich seinen echten Gefühlen zu stellen, der Hilflosigkeit und scheinbaren Abhängigkeit von den Umständen. Denn das Verhalten der Mutter entscheidet beinahe ausschließlich über die seelische Gesundheit und Liebesfähigkeit des heranwachsenden Menschen. Empfängt ein Kind echte Mutterliebe, die frei ist von Bedingungen, also die nicht dazu eingesetzt wird, das Kind in eine bestimmte Richtung zu lenken, damit es gehorchen lernt, lernt, sich anzupassen, oder sehr früh schon dazu konditioniert wird, später nach Macht und Einfluss zu greifen – ein solches Kind wächst in einem Zustand vollkommener Gesundheit auf. Aber solche Fälle kennt man heute am ehesten noch von Naturvölkern, die in ihrer Gesamtheit noch mit ihrem Ursprung verbunden sind. In unserer Zivilisation ist es beinahe unmöglich geworden, einem heranwachsenden jungen Menschen diesen Lebensrahmen absichtsloser, motivloser Nestwärme zu geben. Bereits die Eltern sind viel zu sehr eingesponnen in die Zwänge des Daseinskampfes, des Ringens um Erfolg innerhalb der Gesellschaft, als dass sie noch fühlen und wissen könnten, was tatsächlich gut für ihr Kind ist. Und so ist es vermutlich unser aller Schicksal gewesen, dass unsere Eltern, wohlmeinend sicher, aber nichtsdestotrotz irregeführt, uns in einer Richtung erzogen, von echten Gefühlen, von wahrer, uneigennütziger Liebe weggeführt haben, dass die meisten von uns im emotionalen Bereich Schäden davongetragen haben (auch wenn der Einzelne diese nicht unmittelbar wahrnimmt).

An die Stelle uneigennütziger Liebe ist bei der Mutter ein Denkmodell über Mutterliebe getreten, die scheinbar das Beste für das Kind will. Im Verlauf der frühkindlichen Erziehung wird mit dem Medium Zuneigung ein ganz gehöriger Terror auf das Kind ausgeübt. Verhält es sich gemäß den elterlichen Vorstellungen, empfängt es Liebe, während ihm Liebesentzug droht, wenn es sich nach seinen eigenen inneren Regungen verhält. So wird der junge Mensch ganz früh schon konditioniert. Er lernt, dass er Liebe empfängt, wenn er sich anpasst, wenn er sich unterordnet. So trennt das Kind sich sehr früh schon von den eigenen Bestrebungen und Empfindungen. Unbewusst wächst dabei ein Selbsthass für diese Unterordnung unter die Bedingungen der Mutter, die nur dann Liebe liefert, wenn das Kind, auf eigene Ideen verzichtend, sein Verhalten den mütterlichen Wünschen anpasst. Die kindliche Beziehung zum eigenen Selbst kann nie zustande kommen. Und als Erwachsener wird solch ein Mensch in seinen Beziehungen zum anderen Geschlecht gleichfalls nur das ausüben können, was eben in ihm aufgewachsen ist. Und das ist keine Fähigkeit zu echter Liebe, es ist vielmehr eine Denkschablone über Liebe, und diese ist so beschaffen, dass er seine Zuneigung wiederum von entsprechendem Entgegenkommen des Partners abhängig macht.

Da die Eltern nicht wissen, was der Mensch wirklich ist und wofür er lebt, vermitteln sie ihren Kindern eben ihre eigene Meinung zum Leben, die wiederum das Resultat der eigenen elterlichen Erziehung ist, kombiniert mit so genannter Lebenserfahrung und der Summe äußerer Einflüsse, seien sie religiöser, politischer oder gesellschaftlicher Art. Und so wachsen wir heran, abgetrennt vom eigenen Selbst, abgespalten vom eigenen Menschen, gesteuert vom Ich, diesem synthetischen Gebilde der Vorstellung, die wir von uns gewonnen haben. Unsere echte Herkunft bleibt uns verborgen. In der ständigen Jagd nach Anerkennung, Erfolg und Macht sehen wir den Sinn des Lebens. Macht auch im Kleinen, wenn es sich nur um Einfluss über die eigenen Kinder oder über den Partner handelt. Spirituelle Ideen, Religion ist für uns bedeutsam oder nicht. Aber auch wenn wir einen Glauben haben, bleibt dieser ein Gebilde von Gedanken und bewirkt nichts weiter als Abhängigkeit zusätzlicher Art. Die Wirklichkeit können wir mit der Zeit nicht mehr wahrnehmen. Unser Denken filtert alle Erkenntnisse aus, die anders lauten, als wir gelernt haben. Aus diesem Grund können wir keine Erfahrungen machen, die uns etwa auf den Pfad der Wahrheit führen. Der Sinn unserer Existenz bleibt im Dunkeln, es bleibt uns nur die Idee des Jammertals und der unterdrückten, unbewussten Wut über unsere Hilflosigkeit und Abhängigkeit. Statt uns zu dieser Hilflosigkeit zu bekennen, sie in ihrer vollen Tragweite und Wahrheit zu akzeptieren, sind wir ewig auf der Flucht vor dieser Erkenntnis, die ein Eingeständnis unserer Schwäche und Unfähigkeit wäre. Dabei ist es gerade dieser Zustand des Annehmens der Hilflosigkeit, in dem Menschen in verzweifelten Lebenskrisen aufgehört hatten zu kämpfen im Bewusstsein ihrer Ohnmacht, wo dann urplötzlich mit Gewalt die Wende eintrat. Hier können Sie das Walten der Macht des Tao erkennen, nämlich wenn der Mensch bereit ist, sein Unvermögen anzunehmen, anstatt sich in ewiger Kraftmeierei zu ergehen.

Sehen Sie, all diese Zustände im Menschen begleiten ihn in einer Partnerschaft und bestimmen deren Qualität. Wenn Sie die vorausgegangenen Aussagen akzeptieren können, wird es Sie kaum überraschen, dass bei derartigen Voraussetzungen wenig Gescheites bei einer Beziehung zwischen Mann und Frau herauskommen kann. Dabei verneine ich in keiner Weise die Liebe oder diese Beziehung, Freundschaft, Partnerschaft, Ehe. Im Gegenteil. Aber all diese Begegnungen zwischen zwei Menschen sollten in einem Zustand eigener innerer Ungebundenheit und gegenseitigem Loslassen geschehen. Beobachten Sie doch einmal, wie Ihre Einstellung zu Ihrem Partner oder Ihrer Partnerin beschaffen ist und wie Sie diesen Ihnen nahe stehenden Menschen sehen und weshalb Sie ihn gegebenenfalls lieben. Sie werden bei näherem Hinsehen ein ganzes Bündel von Vorstellungen und Ideen finden, Motive und Begründungen, weshalb Sie mit diesem Menschen und mit keinem anderen eine Partnerschaft eingegangen sind. Aber was wissen Sie wirklich von ihm, von diesem Menschen an Ihrer Seite? Keiner kann in den anderen hineinblicken. Meist gibt sich der Mensch in unserer an der Oberfläche operierenden Zeit keine Mühe, beim anderen Tiefe zu suchen. Ja, gewiss, scheinbar sucht er diese Tiefe wohl, aber es ist und bleibt ein Denkvorgang. Und Tiefe ist nie im Denken zu finden, Tiefe kommt aus echtem Gefühl. Ihre Vorstellung von Ihrem Partner ist eine Konstruktion Ihrer Gedanken, genau wie das Bild beschaffen ist, das Sie von sich haben. Und solange Sie bei dieser Vorgehensweise verharren, werden Sie nie erfahren, was für Menschen Sie *und* Ihr Partner in Wirklichkeit sind. Um das herauszufinden, ist notwendig, dass Sie den Ihnen nahe stehenden Menschen beobachten, ohne begleitende Gedanken. Hier und jetzt, nicht aus Szenen der Vergangenheit abgeleitet. Die Vergangenheit ist vorbei. Es gibt nur das Jetzt. Aus dieser beobachtenden Zuwendung, die Sie vornehmen können wie einem Fremden gegenüber, erwächst Ihnen Erkenntnis über das wahre Wesen Ihres Partners oder Ihrer Partnerin.

Beziehungen kommen zustande, weil man einen Menschen sieht, den man gerne näher kennen lernen würde. Man macht sich Vorstellungen von ihm, schafft sich eine Illusion. Die Bekanntschaft kommt zustande, man lernt sich näher kennen. Dennoch hält man an dem Bild dieser ersten, sagen wir Initialillusion, fest, vielleicht ein ganzes Leben lang. Zuerst ist da gegenseitige Achtung, behutsam erforscht man das Wesen des anderen, jeder ist frei und ungebunden. Dann aber, mit dem Anwachsen der Vertrautheit, der Intimität, beginnt die Inbesitznahme des anderen. Wo vorher Freiheit war, Respekt vor den Eigenheiten des anderen, schleicht sich unaufhaltsam Macht ein. Der andere soll einem voll und ganz gehören, und man widersetzt sich andererseits auch den Besitzansprüchen des Gegenübers nicht. Die Meinung, die wir uns vom Partner gebildet haben, verhärtet sich, wir gewöhnen uns an dieses Bild, es gehört zum festen Repertoire unserer Erinnerung. Ob der Mensch neben uns nun unter unserer Besitznahme leidet, ob er sich im Laufe der Zeit verändert, ob er uns wirklich liebt oder es nur sagt, das spielt im Grunde nicht mehr die Hauptrolle. Wichtig ist das Funktionieren einer nun einmal zustande gekommenen Konstellation, die uns auch eine gewisse Art von Sicherheit gewährt, wie wir dem anderen Sicherheit zu geben versuchen.

Es gibt eine ganze Menge Motive, weshalb Beziehungen zustande kommen und bestehen bleiben. Angefangen beim Sex als einzigem Beweggrund, der dann leichtfertigerweise mit Liebe verwechselt wird, bis zum Streben nach Macht über den Partner oder dem Verlangen, an der Macht des anderen teilzuhaben, der Wunsch nach Geborgenheit, die Flucht vor dem Alleinsein – alles kann als Argument für die Bindung an einen Partner des anderen Geschlechts dienen. Allen Beziehungen gemeinsam ist in der Regel, dass Liebe, wie wir sie verstehen, in diesen Fällen vorwiegend Denken über Liebe ist, aber nicht die Liebe selbst. Paradoxerweise haben wir Menschen in der Phase frühester Kindheit unter dem Einfluss der so hoch gepriesenen Mutterliebe aufgehört zu erfahren, was Liebe ist. Bereits dort wurde der Grundstein unseres konditionierten Daseins gelegt, das wir jetzt ebenfalls in unsere Partnerschaften hineintragen, weil wir es nicht anders wissen.

Wirkliche Liebe kann nur gefühlt, erlebt werden, niemals gedacht. Der Mensch des Tao kennt seinen Partner, weil er sich ihm öffnet, ihn aus Beobachtung erfahren und dessen Eigenheiten und Wesen in der Folge angenommen hat, ohne den Wunsch, etwas zu verändern, ohne Herrschaft ausüben zu wollen. Er lässt den anderen sein, wie er eben ist. Der Mensch des Tao verzichtet auf Rollenspiel, er ist echt, und sein Partner weiß, woran er mit ihm ist. Liebe ist eine Dimension, die ins Leben motivlos einzieht und waltet. Sie kann an keine Bedingungen geknüpft sein, denn sonst würde sie zu einem Geschäft reduziert, würde sich als Tauschobjekt für irgendwelchen Nutzen wiederfinden. Den anderen zu respektieren, ohne ihn bevormunden zu wollen, mit ihm zu leben und ihm freie Entfaltung seines Eigenlebens zu gestatten, das ist Liebe.

Sie haben das Leben im Tao in dem Augenblick vollkommen verwirklicht, wo Sie fähig geworden sind, sich keine Meinung mehr über sich selbst zu bilden, also einfach da sind, nur existieren, sich Ihres Lebens freuen, und wo Sie auf alle erlernten und überkommenen Auffassungen über das Leben und Ihre Existenz verzichten. Das bedeutet, dass Sie in sich einen Zustand schaffen, wie er einmal bestanden hat, bevor bei Ihnen der kindliche Lernprozess begann und Sie unter den diversen Einflüssen und Strömungen allmählich das Bild der Wirklichkeit gewonnen haben, das heute noch Ihr Dasein bestimmt. Es klingt grotesk und fast unannehmbar: Aber nichts, was uns über uns und die Welt ringsumher beigebracht worden ist, hat Anspruch auf absolute Richtigkeit. Wir führen ein Leben in der Relativität der Maßstäbe, die uns unser Denken setzt. Und dieses bestimmt zugleich unsere Grenzen. Diese, gleichfalls selbst errichtet, begleiten uns wie ein unsichtbarer Käfig, der uns einschließt, aber mobil ist, sodass wir dennoch das trügerische Gefühl von geistiger Freiheit besitzen. Sobald aber ein Mensch fähig wird, Abstand von seiner Voreingenommenheit zu gewinnen, wird er Dinge über sich erfahren – von ganz alleine geht diese Erkenntnis in ihm auf –, die ihm in der Folge eine vollkommen andere Beziehung zu sich und seinen tatsächlichen Kräften vermitteln. Der Mensch des Tao unterwirft sich nicht den Bedingungen des äußeren Anscheins, er will die Dinge so erfahren, wie sie wirklich sind. Und so, wie der äußere Anschein sich scheinbar gibt, sind die Dinge meistens nicht. Die uns allzeit beeinflussenden und umgebenden Zustände des Alltags erleben wir in der Regel, wenige Höhepunkte ausgenommen, grau in grau. Angst vor der Zukunft, vor Verlust und Einbußen an Prestige und Einfluss, vor einem Einbrechen unseres Gebäudes scheinbarer Sicherheit ist unser ständiger unterschwelliger Begleiter. Dementsprechend sind auch unsere Handlungen. Wir orientieren uns in unseren Entscheidungen immer am Maß der Erhaltung unserer Sicherheit, wägen ab, ob wir uns schaden, wenn wir unsere eigene Meinung durchsetzen, und ziehen uns ganz schnell zurück, sobald dieser Eindruck entsteht. Wir sind andauernd damit beschäftigt, entweder unsere Position im Leben und in den menschlichen Beziehungen zu erhalten oder mehr als das bisher Erreichte zu erlangen, ganz gleich, ob es sich um private Qualitäten handelt oder geschäftliche Unternehmungen.

Im Leben des Tao hingegen herrschen andere Spielregeln, das heißt, eigentlich gibt es überhaupt keine, denn in dieser Lebenskunst bewegen wir uns vollkommen frei, einem Zustand der Schwerelosigkeit, wie im Wasser oder fern der Anziehungskraft der Erde schwebend gleich, nur unseren Inspirationen gehorchend, der Stimme unserer inneren Autorität, der wir uns nicht unterwerfen, sondern sie als einen Teil, den besseren Teil, von uns selbst erkennen. Hier gibt es nichts zu überwachen und nichts, darum zu kämpfen wäre. Die Dinge geschehen einfach. Auf eine wunderbar einfache Weise vollzieht sich das menschliche Schicksal, ganz natürlich und harmonisch in seinem Ablauf. Sie werden erfahren, was für ein Unterschied besteht zwischen einem Leben in vollkommener innerer Freiheit, sich ganz dem Strom des Tao überlassend, und Ihrer bisherigen so unbefriedigenden, verkrampften Existenz. Dabei erhebt sich zwangsläufig die

Frage, ob bei so viel innerer Freiheit, diesem Fehlen jeglicher Hörigkeit an Autorität, überhaupt noch ein normales Leben in unserer Gesellschaft möglich ist. Ich habe im vorletzten Kapitel ja das Thema «Aussteiger» behandelt und am Ende angedeutet, dass das jeder halten kann, wie ihm zumute ist. Die Möglichkeit, im Tao zu leben, ist von keinen äußeren Bedingungen abhängig. Das können Sie sogar im Gefängnis, wenn es sein muss. Ob Sie bei Ihren Bestrebungen materielle Unabhängigkeit in dem Umfang anstreben, dass Sie sich vom Trubel der Geschäfte zurückziehen können, oder ob Sie drinnen bleiben, spielt für die Wirksamkeit dieser neuen Art zu leben keine Rolle. Die innere Unabhängigkeit bestimmt die Qualität Ihres Alltags. Zweckgebundene Abhängigkeiten gegenüber Geschäftspartnern, Kunden und Auftraggebern oder Vorgesetzten in diversen Beschäftigungsverhältnissen möchte ich hier nicht als Autoritäten ansehen, von denen wir uns befreien müssen, um zur Tiefe unseres Selbst vorzudringen. Diese andere Art von materieller Abhängigkeit ist bedeutungslos und kann jederzeit, wo es notwendig ist, verändert oder ersetzt werden. Sie spielt bei innerer Freiheit nicht mehr ihre bedrückende, beängstigende Rolle wie früher.

Wer im Geist des Tao lebt, besitzt eine andere, neue Sicht der Wirklichkeit. Diese hat sich eines Tages ganz unmerklich bei ihm eingestellt. Und aus dieser Sicht lebend, haben äußere Machtverhältnisse ihren Schrecken für ihn verloren. Er lebt heiter und unbeeinflusst und geht seinen selbst gewählten Aufgaben nach. Es wäre grober Unfug, wollte ich jedem Menschen, der sich dieser befreiten Form des Daseins zuwendet, empfehlen, der Gesellschaft auch äußerlich den Rücken zu kehren. Im Gegenteil, gerade die Aktion von innen heraus kann Impulse geben, diese grausamen Konstellationen, in denen Menschen im Alltag gefangen sind, zu verändern.

Wenn Sie in diesem Geist Ihren Aufgaben nachgehen, brauchen Sie sich über den Erhalt Ihrer Existenz keinerlei Sorgen zu machen. Arbeit jeder Art ist für Sie Erfüllung. Sie üben sie um ihrer selbst willen aus, nicht um zu einem Ende zu kommen. Dies ist ein sehr wesentliches Merkmal des Tao: nichts tun aus einem willkürlich gefassten Motiv heraus. Wir leben ohne ehrgeiziges Ziel, ohne Motive, ohne Begründungen für unsere Handlungen. Wir handeln einfach, damit hat es sich. So fassen wir auch unsere Arbeit auf. Wir tun sie. Gut und sorgfältig, ohne Hast und ohne uns auf Druck von oben zu konzentrieren. Wer am Fließband steht und eine Arbeit verrichtet, die ungeheuer monoton und geisttötend ist und bei der von der geleisteten Stückzahl das Einkommen abhängt, kann – sofern er ein Mensch des Tao ist – ohne die innere Hektik seiner Arbeitskameraden und Leidensgenossen seine Aufgabe erfüllen. In aller Gelassenheit werden ihm die Dinge leicht von der Hand gehen, und am Ende wird er immer wieder feststellen, dass er trotz dieser unverkrampften Lebensweise fähig war, mehr als das Beste zu geben. Im Gegenteil, ich glaube, gerade eine Arbeit nach dem Leistungsprinzip kann am besten von dem bewältigt werden, der sich innerlich keinen Deut um dieses Prinzip schert.

Ehrgeiz ist dem Menschen des Tao fremd. Er nimmt nicht teil an diesem Wettlauf um Macht und Besitz. Es ist ihm genug, er selbst zu sein, und was er im Leben braucht, das fließt ihm zu, auch ohne dass er an den Klimmzügen der anderen teilnimmt. Selbst wenn er ein Geschäft besitzt und täglich im Wettbewerb steht, wird er diesen Wettbewerb anders zu gestalten wissen. Aus seinem inneren Reichtum heraus wird er niemals mit Mitteln der Gewalt oder Hinterlist etwas zu erreichen versuchen. Das hat er aber auch nicht nötig. Wenn er Verhandlungen führt, tut er dies aus einem Zustand vollkommener Gelassenheit, er operiert aus der Kraft seiner Mitte und wird meist erreichen, was er sich vorgenommen hat. Wenn ihm ausnahmsweise Dinge misslingen, akzeptiert er dies einfach, ohne hinterher nach dem Warum zu fragen, denn irgendwann stellt sich später heraus, wie gut es war, dass ein Ereignis anders auslief, als er es sich vorgestellt hatte.

Sobald Sie gelernt haben, wie man im Hier und Jetzt lebt, können Sie aufhören zu kämpfen. Für alle Zeiten. Wer kämpft, vergeudet Kraft, denn in dem Maße, wie ich mich um das Erreichen eines Zieles bemühe, entzieht es sich mir, und es treten Gegenkräfte auf, die ihren Einfluss in dem Maße steigern, wie ich den eigenen Krafteinsatz vermehre. Wer das erkannt hat, und vor allem, wer ein besseres Mittel, etwas zu erreichen, kennt, lässt die Finger von diesem nutzlosen Gerangel. Glauben Sie mir bitte, alle Dinge, die Sie sich wünschen, werden Ihnen von ganz alleine zufallen, sobald Sie aufhören können, darum zu kämpfen. Ist es Ihnen im Leben nicht auch schon so ergangen, dass Sie sich sehnlich etwas gewünscht haben und alle Anstrengungen unternahmen, es zu bekommen. Und wie sich trotz allen Aufwandes anscheinend alle Kräfte gegen Sie und Ihren Wunsch verschworen hatten. Und später, als Sie endlich aufgaben, Abstand von Ihrem Wunsch genommen hatten, da erlebten Sie eines Tages plötzlich, dass die Erfüllung Ihnen ganz nahe gekommen war und Sie nur noch zuzugreifen brauchten. Aus eigenem Erleben weiß ich, dass bei diesem Stand der Situation das einmal so heiß Erstrebte gar nicht mehr so wichtig war. Wenn wir von vornherein aus diesem Abstand heraus auf unsere Wünsche und Sehnsüchte blicken können, sie in ihrer absoluten, objektiven Bedeutung beziehungsweise Bedeutungslosigkeit wahrnehmen, dann glätten sich die Wogen des Verlangens, wir sind fähig, gelassen zu beobachten und zu entscheiden, was wir wollen oder nicht. Es gehört ebenfalls zu den allzu menschlichen Eigenschaften, dass Dinge, die mühelos erreichbar für uns sind, ihren Wert, ihre materielle und ideelle Bedeutung für uns verlieren. Darum hat der Mensch des Tao wenig Wünsche, die über die Deckung seines Alltagsbedarfs hinausgehen. Er weiß dank der ihm innewohnenden Schöpferkraft, dass ihm kein Wunsch verschlossen bleibt, wenn er ihm ernsthaft anhängt. Aber gerade dadurch entsteht ein gewissermaßen erhabener, über den Dingen stehender Zustand. Sie werden selbst bald diese Unabhängigkeit von materiellen Bedürfnissen erfahren, die aus dieser Autonomie geboren wird. Die unaufhörliche Jagd unserer Mitmenschen nach Glück, Erfolg und Reichtum nötigt uns ein nachsichtiges Lächeln ab. Wir konnten aufhören mit diesem sinnlosen Mühen, haben begriffen, dass darin nicht der Sinn des Lebens liegt.

Was ist das Tao?

Was ist nun dieses Tao? Ist es Gott? Oder etwas anderes, Unbeschreibliches? Laotse schreibt dazu: «Das Tao, das man greifen kann, ist nicht das Tao.» Gewiss ist es eine Erfahrung ohne Parallele auf dem Gebiet des logischen Verstandes. Zu Gott besteht insofern keine Analogie, als man hier im Westen unter Gott eine Autorität versteht, die außerhalb ihrer Schöpfung residiert und mit allen menschlichen positiven Attributen ausgestattet ist, wie Liebe, Güte und so weiter, und zwar dies in höchster Vollendung – eine Art kosmischer Supermensch. Das Tao existiert nicht außerhalb allem Geschaffenen. Dschuang Dsi sagt, dass es nichts gebe, was Tao nicht sei, das heißt ganz eindeutig, dass das Tao die Schöpfung selbst ist, jedes geringste Detail davon. Es ist die höchste Wirksamkeit und Kraft des Universums, der Grund von Sein und Nichtsein. Das Geheimnis des Tao ist, dass es selbst nicht aktiv tätig ist, aber dennoch das Handelnde, der Schöpfer aller Dinge, es tut nichts, und doch lässt es nichts ungetan. Es lässt sich mit Worten nicht definieren, aber es ist intuitiv erfassbar, denn es ist zugleich eine Dimension von uns selbst, es ist unser Selbst, von dem wir seit der Geburt abgespalten sind: Also ist das Tao auch in erster Linie die Natur mit ihrer Ordnung und ihren ungemein weisen Gesetzen der Selbstorganisation. Die Wirkungsweise des Tao ist von einem unausgesetzten Wandel, von andauernder Veränderung gekennzeichnet. Beim Tao ist alles im Fluss. Tao ist auch das Leben selbst. Und es kann mit einem großen Fluss, einem Strom verglichen werden, der sich unaufhaltsam seinem Ziel entgegenbewegt und trotzdem immer wieder aus der Quelle entspringt, ohne ein einziges Mal aufzuhören.

Im Tao gibt es keine Trennung zwischen innerer und äußerer Welt. Beide bedingen sich gegenseitig. Die Essenz des Tao ist das Aufhören aller Gegensätze. Seine Bewegungen sind das kontinuierliche Zusammenspiel dieser Gegensätze. Geschehnisse und Wandlungen sind die Ergebnisse der Wirkungsweise von Yin und Yang, den weiblichen und männlichen Urelementen, die alles kosmische Geschehen polar beeinflussen. Die alten Weisen des Tao verglichen die Wirkungsweise von Yin und Yang mit Mond oder Sonne. Sie erklärten: Wenn der Mond seinen vollen Stand überschritten hat, bewegt er sich bereits wieder zur Erscheinungsform des Neumondes hin, und wenn die Sonne zu Mittag den Zenit erreicht, begibt sie sich bereits wieder zur Ruhe, bewegt sich in Richtung Untergang. Mit anderen Worten gesagt, bedeutet das Erreichen eines Zustandes bereits den Übergang zu einer neuen Phase der Existenz, denn im Tod liegt neues Leben begründet, wie im Neugeborenen der Tod bereits Pate steht. Für die Weisen des Tao ist der Tod nicht in erster Linie der Zerfall des Körpers. Tod bedeutet das Aufhören des Ego, ein Vorgang, den der Mensch des Tao bereits zu Lebzeiten zu verwirklichen sucht. Ist dieses künstliche Gebilde des Ich erst aus unserem Dasein verschwunden, können wir aus unserem Selbst heraus leben, und das ist wahrhaftiges Leben, weil es aus einer Dimension erfolgt, die nicht mehr der Zeit unterworfen ist.

Ohne Ego leben bedeutet natürlich leben. Wer sich aller Handlungen gegen die Natur enthält, sich nicht mehr gegen den Strom des Tao stellt, sich entsagt, neben dem Strom stehen zu bleiben, sodass er an ihm und seinem Leben vorbeiströmt (was er tut, wenn er ewig in Gedanken der Vergangenheit und Zukunft gefangen ist), der steht in Harmonie mit dem Kosmos, und all seine Handlungen werden erfolgreich sein. Wenn ich stehen bleibe, während alles um mich her sich bewegt, ist dies kein Zustand der Ruhe, dann bin ich immer noch in Opposition zum Leben. Erst wenn ich mit dem Strom konform gehe, mitschwimme, ist ein Zustand vollkommener Ruhe und Harmonie gegeben. Physikalisch ist dies einleuchtend: Sobald ich in einem Fahrzeug sitze, das sich mit der gleichen Geschwindigkeit fortbewegt wie der übrige Verkehr, habe ich das Gefühl stillzustehen. Den gleichen Eindruck erweckt eine Flugreise hoch über der Wolkendecke. Die Maschine scheint stillzustehen, weil es keinerlei Parameter mehr gibt, an der Geschwindigkeit und Fortbewegung gemessen werden können. Mit unserem Leben ist es ähnlich. Unsere Parameter, unsere Anhaltspunkte, an denen wir unsere Bewegung messen, sind relativ. Sie entsprechen unserem Wissen über unsere Welt – und sind verkehrt. Ruhe, Friede und Stillstand sind nur möglich innerhalb der gleichlaufenden Bewegung des gesamten Geschehens. Bereits Heraklit erkannte: «Alles fließt.» Leider sind uns gerade von ihm wenig Aussagen erhalten geblieben, doch scheint es, als ob er in der gleichen Richtung gedacht hätte wie die chinesischen Taoisten.

Die Lebensform des Tao ist geprägt von der engen Verbundenheit mit allem natürlichen Geschehen. Der Mensch des Tao lebt ohne Widerstand gegen die Geschehnisse des Alltags. Seine Kunst besteht im Überlassen des Ruders an seine eigene kosmische Identität. Man kann Tao ohne Übertreibung auch als die vollkommene Intelligenz nichtmaterieller Art bezeichnen. Sie fließt uns Menschen willig zu, wenn wir offen für ihre Inspirationen sind. Und wer aus dieser hohen Intelligenz heraus handelt, vermag keine Fehler zu begehen. Uns dieser Kraft in uns vollkommen anzuvertrauen ist ungemein schwer. Uns fehlt es einfach an Erkenntnis und Einsicht. Wir gehen von unserem voreingenommenen, bedingten Bild der Welt aus, in der Egoismus und der Verstand herrschen, und in dieses Bild passt kein Tao hinein. So lehren die alten Weisen auch, dass das Universum eine in sich geschlossene, gewaltige Einheit ist und nicht eine Ansammlung zahlloser Einzelteile. Wir haben darunter also ein riesiges, nicht mehr ausmessbares Lebewesen zu verstehen, das zugleich mit dem Namen Tao bedacht ist. (Die Kernphysik bestätigt diese Philosophie übrigens wortwörtlich, die kleinsten Elemente unserer Materie lassen sich keinem Objekt zuordnen, sie weisen vielmehr auf eine komplexe Wechselwirkung aller Teilchen miteinander innerhalb des Universums hin.)

Sie und ich sind also nicht nur wir selbst als Subjekte, als Individuen, wir sind viel mehr. In uns lebt das Tao, und wir sind wir und zugleich das Ganze. Jeder. Dies zu verstehen bleibt dem Verstand versagt. Aber es lässt sich erahnen. Unsere Intuition ist fähig, diese Dinge zu begreifen. Wer aufhört, alle Dinge um sich her als getrennt von sich zu betrachten, wird bald ein Gefühl für die tieferen Zusammenhänge gewinnen. Das Aufhören gedanklicher Trennung ist eines der Hauptthemen des Zen-Buddhismus. Zen ist der geistige Erbe des Taoismus. Als damals ein indischer Mönch namens Boddhidharma mit der Lehre Buddhas nach China kam, wurde diese sehr stark vom Wissen des Tao beeinflusst. Da sich in den Grundzügen der Struktur der Schöpfung und der Wesensart des Schöpfers (den die einen Tao, die anderen Buddha-Natur nannten) außer der Namensgebung keine wesentlichen Differenzen ergaben, verschmolzen die Lehre des Gautama, genannt Buddha, und die von Laotse und Dschuang Dsi (Tschuang Tzu) miteinander. Die Patriarchen des Buddhismus und die Weisen des Tao – und die großen Kernphysiker –

sagen übereinstimmend das Gleiche aus: Es gibt keine Teile in unserer Schöpfung, alles gehört organisch zu einem in sich abgeschlossenen Ganzen. So unglaublich und paradox das für Ihre Ohren klingen mag – es entspricht schlicht und ergreifend den Tatsachen. Wir haben es nur eben anders gelernt, von Leuten, die es nicht besser wussten. Sobald wir fähig werden, diese Grenzen zwischen uns und dem Rest der Welt einzureißen und uns mit dem ganzen Universum als einer Einheit zu identifizieren, sind wir der Wahrheit einen gewaltigen Schritt näher gekommen. Diese Erkenntnis anzunehmen gehört mit zum Strömen mit dem Lauf des Tao, gehört zum Aussteigen aus der Haltung der Opposition der Wahrheit gegenüber.

Das Tao kann unser Leben nur in dem Ausmaß gestalten und beeinflussen, wie wir es ihm gestatten. Öffnen wir uns voll dieser Erkenntnis, dass wir Bestandteil eines großen Ganzen sind, dass unsere individuelle Identität von geringerer Bedeutung ist als die Tatsache, dass jeder von uns die gesamte Menschheit repräsentiert, alle Glieder dieser Gattung. Das Annehmen und Beachten dieser seit Jahrtausenden erkannten Tatsache lässt uns die Geschehnisse auf dieser Erde mit anderen Augen erblicken. Wohl geht uns bei dieser Sichtweise die eigene Person mit ihren Erlebnisinhalten nicht verloren, aber wir werden uns für das Geschehen auf unserem Planeten in viel höherem Maße verantwortlich fühlen. Wer dies einsieht, wird nicht mehr wegsehen, weghören, wenn von den Übeln überall berichtet wird, sondern er wird tief im Inneren Verantwortung für das Geschehen spüren und ein großes Mitgefühl für die Geschöpfe, denen dies widerfährt. Wer seine Identität auf die gesamte Menschheit ausdehnen kann, ist wahrhaft frei von seinen überkommenen falschen Vorstellungen. Und sobald wir den Mut aufbringen, dem Grauen, das überall hervortritt, schonungslos ins Gesicht zu sehen, es mitzufühlen, statt es zu verdrängen oder zu ignorieren, erwächst uns ein großes Maß an kosmischer Kraft aus diesem Tun, und dieses Gefühl der Verbundenheit, Zusammengehörigkeit mit allen übrigen Geschöpfen wird wachsen in uns und uns zugleich Sicherheit geben. Nationalitäten, Grenzen und die sie begleitenden Beschränkungen sind unnatürlich. Es sind von Menschen, die Macht ausüben, geschaffene künstliche Gebilde. Rassenhass, Nationalismus, Isolationismus und wie die Ideologien alle heißen mögen, führen den Menschen einzig ins Elend und nützen stets nur wenigen, während sie den Rest unterjochen. Dies ist eine Wahrheit, ob die Mehrheit der Menschen sie in ihrer Verblendung nun erkennt oder nicht. Sie als Einzelner können daran global wenig ändern. Aber Sie können sich ändern, stellvertretend für den Rest der Menschheit. Das hat Auswirkungen, auch wenn Sie diese nicht unmittelbar wahrnehmen.

Nicht trennen, nicht unterscheiden!, sind die wichtigen Parolen, die die alten Weisen des Tao fortwährend gelehrt haben. Es ist ein Symptom gerade unserer Zeit, dass wir uns innerlich nicht nur von uns selbst abgespalten haben, sondern auch von allen äußeren Dingen. Wir gehen sogar so weit, dass wir die Probleme, die uns selbst betreffen, so weit von uns wegdrängen, als ob sie nicht zu uns gehören würden. Überhaupt sind wir es höchstpersönlich, welche das Wirken des Tao in unserem Leben so sehr begrenzen, dass unser Alltag einförmig und trist geworden ist. Leben im Geist des Tao mit all unseren Gefühlen ist etwas ungemein Lebendiges. Es ist Vitalität in ihrer schönsten Form.

Unser Leben verläuft gemäß den Erwartungen, die wir in es setzen. Und diese Erwartungen sind geprägt durch unsere Erfahrungen, die wir während unseres ganzen Lebens gesammelt haben. Wir erwarten grauen Alltag und bekommen ihn. Es ist ein Teufelskreis von Erfahrung und Erwartung, in dem wir uns fortwährend bewegen und aus dem wir nicht herauskönnen, solange wir es mit dem Mittel von Denken und Gedächtnis versuchen. Was den Verlauf des menschlichen Lebens wirklich beeinflusst, konnten wir bis jetzt nicht wissen, weil kein Mensch uns dies sagen konnte wegen der eigenen Unwissenheit. Der Begriff Unwissenheit taucht darum auch bei zahllosen Äußerungen der alten Meister und Patriarchen auf. Einstimmig lauten die Aussagen, dass mit dem Aufhören der Unwissenheit auch das Leben sofort eine andere, höhere Qualität gewinnt. Sobald Sie fähig sind, sich von Ihren Erfahrungen rigoros zu trennen, ihnen ihre Gültigkeit für den Verlauf Ihres Daseins abzusprechen, werden andere Kräfte in Ihr Leben treten, die Sie bisher aus eigener Machtvollkommenheit, unwissend zwar, aber dennoch äußerst wirkungsvoll, herausgehalten haben. Hören Sie auf, etwas werden zu wollen. Hören Sie auf, Erwartungen an die Zukunft zu binden. Hören Sie auf, im gehabten Stil weiterzukämpfen. Alle bisherigen Methoden waren nicht in der Lage, Sie von Furcht und Enge zu befreien. Aber sobald Sie sich von jeder Art Motivation trennen, von Ideen, was aus Ihnen noch werden soll, dann haben Sie den richtigen Schritt zu Ihrer wahren Identität getan, einer Identität, die sich mit der gesamten Schöpfung und dem Tao eins fühlt und aus diesem Wissen um die Einheit aller Dinge heraus lebt und handelt. Der Tag, den Sie, in der Gegenwart lebend, ohne aus Ihrer bisherigen Erfahrung resultierende Erwartung, beginnen, wird ein guter Tag werden. Er kann nicht anders als gut verlaufen, wenn Sie mit Ihrem destruktiven Wissen aus der Vergangenheit nicht hineinpfuschen und Ihrem besseren Selbst fortdauernd ins Ruder greifen.

Die Spiritualität im Tao

Nach allem, was Sie bis jetzt gelesen haben, werden Sie sich fragen, ob es über das beschriebene Leben ganz in der Gegenwart hinaus noch mehr gibt. Eine Erfahrung, die sehr spirituell, sehr göttlich ist. Die gibt es. Im Grunde ist diese Erfahrung der vollkommene Zustand des Lebens im Tao. Den Alltag bewältigen aus dieser neuen, unschuldigen Form seiner Betrachtung heraus bringt uns bereits eine Fülle von glückhaften Erlebnissen, auch wenn wir die Praxis des Tao nur unvollkommen beherrschen und uns von der alten Art zu leben immer wieder einholen und ablenken lassen. Es haftet diesem Dasein nichts Heiliges oder Frömmelndes an, keine sinnlichen Freuden werden verneint, nichts wird dem Menschen des Tao untersagt. Ein Mensch, der sich an seiner eigenen, tief verwurzelten Sittlichkeit orientiert, wird stets richtig handeln, es können keine Konflikte zwischen Spiritualität und Genuss auftreten. Wenn Sie also mehr oder weniger perfekt Ihr Leben in der Gegenwart verbringen und wenn Sie nach und nach fähig werden, Ihr eigenes angesammeltes Wissen, die frühere tägliche Erfahrung und alles von außen Diktierte zu leugnen, wenn Sie unbefangen Ihre Tage verbringen, dann leben Sie bereits im Geiste des Tao und haben unmittelbaren Kontakt zu Ihrem eigenen ehedem verschütteten Selbst. Nun gibt es im spirituellen Bereich eine Unsumme von Lehren und Methoden, wie der Mensch Erleuchtung erlangen könne. Im Zen-Buddhismus bedeutet Erleuchtung Satori, und dieses Satori zu erlangen ist von vornherein das Ziel jedes Übenden. Bereits im Begriff «Übenden» wird der gravierende Unterschied zwischen Tao und allen übrigen Philosophien deutlich: Das Tao wird gelebt, es kennt in diesem Sinne keinerlei spezielle Disziplinen wie meditatives Sitzen während bestimmter Tageszeiten oder besitzt Vorschriften über sittliches Verhalten und Enthaltsamkeit von «weltlichen» Vergnügen. Solche Vorschriften stellen aus der Sicht des Tao lediglich weitere Formen der Bindungen dar, aus denen der Mensch sich lösen soll, will er das Tao an sich verwirklichen. Wohl kennt Tao die Meditation, und zwar in ihrer harmonischsten und vollkommensten Form und Wirkungsweise. Ich werde noch darauf zu sprechen kommen. Aber diese Erleuchtung, was immer darunter verstanden wird, ist im Tao eher ein zwangsläufig eintretendes Ereignis, das jedem widerfährt, der sich ehrlich und aufgeschlossen genug, frei von Bedrängnis und Sorgen in der Gegenwart bewegt und das Steuer seines Lebens den Kräften in sich überlässt. Übungen meditativer Art – ich habe es in den vorausgegangenen Texten bereits erwähnt – sind ausschließlich Prozesse im alltäglichen Leben, beinhalten die Beobachtung der Vorgänge in uns selbst und dienen der Erschaffung von Aufmerksamkeit. Diese geistigen Maßnahmen sind an keine Uhrzeit und an keinen wiederholenden Rhythmus gebunden. Wir bedienen uns ihrer als Hilfe zur Gewinnung der inneren Freiheit, und dies, sooft es notwendig ist.

Wie gesagt, Satori oder Erleuchtung stellt sich eines Tages von ganz alleine ein, ohne dass Sie sich sonderlich darum bemühen müssten. Dieser Zustand der Erleuchtung (ein schrecklich abgegriffenes Wort, aber ich weiß kein besseres dafür) hat ebenfalls nichts Heiliges oder Scheinheiliges an sich, kein Mensch wird dadurch daran gehindert, ein völlig normales Leben zu führen – nur dass dieses Leben jetzt von vollkommen anderer, außergewöhnlich hoher Qualität ist. Es ist außerordentlich schwer zu beschreiben, wie ein erleuchteter Mensch sich tatsächlich fühlt. Sie kennen doch diesen ganz speziellen Duft, den die Natur manchmal an linden Frühlingsabenden ausströmt? Man sagt einfach Frühlingsluft dazu. Versuchen Sie einmal, diesen Duft so zu beschreiben, dass ein anderer, der ihn nicht kennt, ihn nachempfinden kann. Unmöglich, nicht wahr? Ungefähr so verhält es sich mit dieser Erleuchtung. Sie gehört einer Dimension an, für die unsere Sprache noch kein Vokabular gefunden hat. Und der Mensch kann ohnehin nur Bekanntes wiedererkennen oder überhaupt wahrnehmen. Zu Dingen jenseits seiner Erfahrung findet er keinen Bezug. Ich will darum versuchen, Ihnen, basierend auf bekannten Phänomenen und Empfindungen, einen ungefähren Eindruck der Sache zu vermitteln. Ich habe mit voller Absicht «Sache» gesagt, damit auf gar keinen Fall in jemandem das Gefühl auftaucht, hier werde über Religion gesprochen. Erleuchtung erlebt ein Mensch bei richtiger Lebensweise, ob er an sie glaubt oder nicht. Diese Erfahrung ist an keinerlei Dogma oder äußerliche Verhaltensmuster gebunden, sie lässt sich übrigens auch nicht herbeizwingen, weder durch Gebete noch durch Dauersitzungen in der Meditation. Diese Weise, an die Dinge heranzugehen – was eine ganze Menge Leute tut –, kann man mit dem nutzlosen Unterfangen vergleichen, am Steuer eines Autos zu sitzen und bei ausgeschaltetem Motor alleine durch Anstemmen gegen den Anschnallgurt zu versuchen, das Vehikel vorwärts zu bringen.

Im vorigen Kapitel habe ich ausgeführt, dass seitens des Tao (und auch des Zen) das Universum nicht als eine Ansammlung von Einzelteilen angesehen wird, sondern als geschlossenes Ganzes. Der erleuchtete Mensch empfindet spontan diese Einheit zwischen sich und dem Rest der Schöpfung, er fühlt sich vollkommen integriert in das Ganze. Es ist die Einsicht, wie der Kosmos beschaffen ist, bevor er als Materie unseren Sinnen zugänglich wird. Es ist dies keine Erfahrung des Verstandes, dem Erleuchteten werden Bereiche seines Unbewussten zugänglich, doch er nimmt sie nicht mittels des Denkens wahr, sondern durch seine starke Intuition. Er weiß einfach um die Dinge, versteht sie, ohne sie oder ihre Herkunft erklären zu können. Kurz gesagt, es ist das unmittelbare Wissen um ein unabhängiges Ganzes, das nicht zergliederbar ist.

Unser Ich ist ein Gebilde aus Erinnerungen und unaufhörlich pulsierenden Gedanken. In Wechselwirkung erzeugen die Gedanken den Denker, das Ego, und dieses wiederum produziert die Gedanken, aus denen heraus es existiert. Im Zustand der Erleuchtung hört Denken in seiner bisherigen Form vollständig auf. Wohl behält der Mensch dann noch sein Erinnerungsvermögen, kennt seine Heimatadresse und verfügt ohne Einschränkung über die gelernten Fertigkeiten, aber sein Alltagsleben wird nicht mehr vom Denken, sondern einzig von der Intuition geleitet. Gedanken treten wohl noch auf, aber sie bewegen sich fern vom Bewusstsein, als ob der Betreffende sich in einem Talkessel großen Durchmessers bewegte und seine Gedanken schwebten weitab von seinem Zentrum leise an den das Tal eingrenzenden Bergen entlang. So weit entfernt ist dann Denken vom Erleuchteten. Und mit dem Denken hört auch das Ich auf zu existieren. Sobald ihm sein Nährboden entzogen ist, kann unser Ego uns nicht mehr beherrschen. Mit frei schwebender Aufmerksamkeit wird so die Wirklichkeit erfahren, ohne verzerrende Meinungen und Voreingenommenheiten. Die Urkraft des Selbst kann frei und ungehindert wirken. Ich möchte es mit einer Metapher ausdrücken. Sie kennen den heutigen Zustand der großen Flüsse in unserem Land. Rechts und links sind sie von engen Dämmen eingeschränkt, ihre Unebenheiten, Kurven und Stromschnellen sind begradigt, und ihr Wasser ist beinahe tot, vollkommen verschmutzt. So ähnlich sieht unser eigenes Leben aus. Eingeschränkt in die Dämme äußerer Reglementierung und eigener falscher Meinungen, begradigt, Ecken und Kanten ausgebogen durch eine Erziehung, die nur dem Ziel diente, uns anzupassen an die Normen der Gesellschaft, in der wir leben. So ein Fluss kann sich nicht mehr selbst reinigen, er ist wehrlos dem Unrat ausgeliefert, der unaufhörlich in ihn hineingeschüttet wird. Das Leben in ihm stirbt ab. Risse man jedoch die Dämme ein, ließe man dem mächtigen Strom den Willen, seinen eigenen Weg durch die Natur zu suchen, bald würde er sich wieder in Windungen und Bögen fortbewegen, könnte sich reinigen und würde wieder gesunden. Genauso verhält es sich mit unserem Leben. Sind wir fähig, die uns einengenden Dämme niederzureißen, uns ungehindert geistig zu entfalten und unseren Weg seinen natürlichen Verlauf nehmen zu lassen – dann gleichen wir solch einem freigesetzten Strom. Wir gesunden, aller Unrat wird durch die Kraft der Strömung des eigenen Lebens herausgedrängt. Und dieser vollkommen befreite Zustand, dieses Leben ohne innere Schranken und Einschränkungen, ist dem Erleuchteten eigen.

Erleuchtung ist die unmittelbare Begegnung, der unmittelbare Kontakt mit dem Absoluten. Dann hört die Aufspaltung der Wirklichkeit in zahllose Einzelerscheinungen auf, welche einzig das Werk des Verstandes ist, und der Mensch versucht nicht mehr, die Wirklichkeit auf diese Weise zu verstehen. Die aneinander gereihten Augenblicke, die die Gegenwart bilden, sind zugleich die Ewigkeit. Ewigkeit ist die beständige Gegenwart, und in dieser lebt der Mensch des Tao. Demgemäß ist Erleuchtung auch die Erfahrung der absoluten Gegenwart. Und Erleuchtung öffnet dem Menschen die Augen für die Realität, er vermag dann die Dinge so zu sehen, wie sie tatsächlich sind, hier, in der vollkommenen Gegenwart.

Gibt es nun eine Möglichkeit, eine Methode, den Schritt zur Erleuchtung zu unterstützen? Es gibt sie, aber sie ist an eine Reihe Voraussetzungen gebunden, soll sie funktionieren. Der Taoismus kennt eine Art Yoga. Es hat große Ähnlichkeit mit dem indischen Yoga, ist aber original chinesisch. Dieses Yoga hat im Vordergrund langes irdisches Leben zum Ziel und befasst sich mit verschiedenen Atemtechniken, welche kundaliniähnliche Zustände erzeugen können. Von diesem Yoga will ich aber nicht reden. Ein Weg, der Sie mit einiger Sicherheit der Vollendung näher bringt, ist Meditation. Und zwar Meditation von einer ganz bestimmten Qualität. Lassen Sie mich Dschuang Dsi zitieren:

Wenn man in äußerster Stille verharrt, dann scheint das Himmlische Licht hervor. Wer dieses Himmlische Licht ausstrahlt, der sieht sein Wahres-Selbst. Wer sein Wahres-Selbst bewahrt, der verwirklicht das Absolute.

Es hat überhaupt keinen Sinn, wenn Sie sich jetzt hinsetzen, versuchen, Ihre Gedanken zu unterdrücken, und dann eine Zeit lang mit übergeschlagenen Beinen ausharren, zwanzig Minuten oder eine Stunde lang. Das ist völliger Unsinn und verschafft Ihnen bestenfalls die Suggestion von Ruhe. Bevor Sie überhaupt an die Meditation der Stille herangehen, sollten Sie sich über all Ihre Bindungen klar geworden sein und diese Stück für Stück abgelegt haben. Wer richtig meditieren will, soll frei von allen Bindungen sein, von diesen Dämmen, die seinen Geist und seine seelische Gesundheit so sehr einschränken. Ich habe mehrfach erwähnt, wie Sie aus dem Dilemma der Gebundenheit herausfinden können. Dieses Beobachten der Vorgänge in Ihnen war bereits eine starke Meditation – und sie funktioniert. Wenn Sie dann in einem unbeschwerten geistigen Zustand so richtig fröhlich und voller Vitalität im Heute, im Hier und Jetzt leben, ohne an gestern oder morgen auch nur zu denken – dann ist die Zeit für die wahre Meditation gekommen.

Die Übung der Stille können Sie überall durchführen. Daheim in einer stillen Ecke, bei einem Spaziergang in der Natur oder auch in einem öffentlichen Verkehrsmittel. Ob Sie die Augen schließen wollen oder nicht, bleibt Ihnen überlassen, desgleichen die Körperhaltung. Meditation funktioniert oder funktioniert nicht. Mit der Körperhaltung hat der Erfolg jedenfalls nichts zu tun. Und legen Sie keine Tageszeit für Ihre Meditation fest. Und nehmen Sie sich nicht vor, so und so lange zu meditieren. Beobachten Sie einmal eine Katze. Das Tier legt oder setzt sich an seinen Platz und harrt eine Zeit lang ruhig aus. Wenn es ihr genug erscheint, erhebt sie sich und wendet sich wieder anderen Beschäftigungen zu. Sie denkt nicht über Sitzen oder Liegen nach, sie tut es einfach und hört auf, wenn sie genug hat. So sollten Sie Ihre Meditation betreiben, wie diese Katze. Ohne Vorsatz, ohne Zwang, eben in der Körperhaltung, die Ihnen gerade bequem ist, gehend, sitzend oder meinetwegen auch liegend. Meditieren Sie so lange, wie Sie sich wohl dabei fühlen, zwingen Sie sich zu nichts. Jede Minute, die Sie richtig meditieren, wiegt viel mehr als alle Stunden der Meditation, die Sie im falschen Geist absolvieren.

Der Inhalt Ihrer Meditation ist Stille. Keine Stille infolge unterdrückter Sinnesreize oder gewalttätig gebremster Gedanken. Sicher sollte Ihr Geist frei von störenden Gedanken sein. Diese Freiheit erreichen Sie aber auf eine recht mühelose Art, wenn Sie einfach als Beobachter Ihrer Gedanken auftreten, sie erwarten, bevor sie überhaupt auftauchen. Bei dieser Übung werden Sie bald feststellen, dass Ihre Gedanken sich beruhigen, seltener werden und schließlich ganz von alleine vollständig aufhören. Sie brauchen nur Abstand von ihnen zu halten und müssen darauf verzichten, sich mit ihnen abzugeben. Diese Beobachtung, Ihre Aufmerksamkeit, erhalten Sie nun während der Dauer Ihrer Meditation aufrecht. Bewahren Sie Stille und seien Sie aufmerksam. Mit allen Sinnen horchen Sie in sich hinein. Mehr ist nicht notwendig. Wenn diese Meditation aus einem Zustand innerer Freiheit heraus praktiziert wird, erwachsen Ihnen daraus ungemein starke Energien, und es stellt sich eine Intelligenz ein, die jenseits Ihres rationalen Denkens angesiedelt ist. Und eines Tages, ganz unprätentiös und ohne spektakuläre Nebenerscheinungen wie zum Beispiel Lichtwahrnehmungen oder andere Visionen, erfahren Sie ein umfassenderes Bild der Wirklichkeit. Die Wahrheit, auch Erleuchtung genannt, ist bei Ihnen eingezogen.

Übungen für den Alltag

Ganz vorne, im Vorwort, habe ich erwähnt, dass eine der Hauptschwierigkeiten bei der Sache die Motivlosigkeit ist, mit der sie betrieben werden sollte. Motivlos heißt, sein Leben ohne bestimmte Absicht zu leben, ohne das Ziel, etwas zu werden oder etwas erreichen zu wollen. Die Weisen des Tao haben für diese unbefangene Art, seine Tage zu verbringen, ein sehr zartes Gleichnis gefunden: einen See, über dessen glatter Wasserfläche ein Kranich fliegt. Der Kranich spiegelt sich im See, aber weder der Vogel noch der See rufen diese Spiegelung absichtlich hervor. So federleicht soll im Idealzustand unser Leben aussehen. Dass alles einfacher gesagt ist als getan, weiß ich sehr gut. Interessanterweise kann ich aus Erfahrung bestätigen, dass die materiellen Belange, also finanzielle Angelegenheiten und berufliche Probleme, bereits dann im Tao sehr gut aufgehoben sind, wenn ich nur energisch genug beschlossen habe, künftig und ab sofort so zu leben. Es scheint, als ob hier eine Hand über die Zeit hinweg aus der Zukunft in mein Dasein eingreifen würde und mir einen Geistes- und Seelenzustand honorierte, den ich erst durch die ungemein positiven Erfahrungen dieser Art Leben erlangen werde. Eine freundliche Erfahrung um die andere bestätigt in der Folge die Richtigkeit meines Entschlusses, selbst die kleinkarierten alltäglichen Nöte und Sorgen fallen von mir ab. Ich werde fähig, hier und jetzt, ganz bewusst und mit allen Sinnen wahrnehmend, zu leben und zu handeln. Sobald eine Entscheidung zu fällen ist, grüble ich nicht mehr über die beste Lösung nach, analysiere und seziere. Ich horche in mich hinein, empfange dort den Impuls mit spontaner Deutlichkeit – und handle unverzüglich (wobei mit Handeln durchaus nur eine geharnischte Antwort gemeint sein kann, geharnischt und mutig da, wo ich vordem aus Berechnung vorsichtiger agiert hätte). An mir habe ich beobachtet, dass diese Absichtslosigkeit sich irgendwann von alleine einstellt, wenn die Dinge, die ich vorher kontrolliert praktizierte, mir sozusagen in Fleisch und Blut übergegangen sind. Auf diese Weise hört sehr bald jede Art von Berechnung beim Handeln auf. Ich muss von ganz alleine nicht mehr korrupt sein. Denken Sie daran, dass das Leben der meisten Menschen von Korruption durchsetzt ist, von frühesten Kindheitstagen an. Korruption bedeutet, dass ich etwas tue, weil man mir dafür etwas gibt. Vielleicht gehe ich in die Kirche, weil mir dort jemand vorgeblich meine Sünden vergibt oder mir verspricht, dass ich nach dem Tod nicht ins Fegefeuer muss – oder einen anderen Unsinn.

Korrupt handle ich auch, wenn ich etwas unterlasse, das ich gerne tun würde, aber mich vor angedrohter Strafe fürchte. Auf diese Weise entstehen die ersten Anpassungsprozesse in unserem Leben. Wir bemühen uns, ein braves Kind zu sein, damit die Mutter uns liebt und wir keine Prügel bekommen oder eine andere Art von Strafe wie beispielsweise der befristete Entzug von Privilegien (nicht auf die Straße zu dürfen). Nicht korrupt zu handeln erfordert Mut und die Kraft zur Eigenverantwortung. Wir sind doch allesamt nur zu oft geneigt, Verantwortung, die eigentlich uns zusteht, an andere zu delegieren, sei es auch um den Preis, dass wir tun, was der andere, der die Verantwortung übernimmt, von uns fordert. Wer im Tao lebt, fürchtet die Verantwortung nicht. Er ist offen für jede Aufgabe, die das Leben stellt. Und um des Vorteils willen wird er niemals Dinge tun, die er im Grunde nicht tun möchte. Seine Tage werden nicht mehr diktiert von der Furcht vor Verlust und der Gier nach Gewinn. Er lebt wahrhaft gelassen. Gelassenheit beinhaltet im Wortstamm den Begriff Loslassen, Lösen. Damit sind unsere Bindungen materieller und ideeller Art gemeint. Sobald wir innerlich davon frei sind, wird unser Leben vollkommen sorglos verlaufen. Wer einmal in der Wirklichkeit erfahren hat, wie wunderbar die Hand des Tao im Hintergrund die Fäden spinnt, macht sich weiterhin keine Sorgen mehr, ganz gleich, was auf ihn zukommen mag.

Es wird bei Ihnen trotz der von mir angestrebten Deutlichkeit Fragen und Unsicherheiten geben, besonders, was die praktische Verwirklichung der Gedanken in Ihrem Leben betrifft. Darum will ich Ihnen allen Aussagen zum Trotz einige Übungen an die Hand geben, die Ihnen vielleicht den Einstieg ins Leben des Tao erleichtern. Sie (die Übungen) werden notgedrungen von Absicht geprägt sein, ihnen muss wohl oder übel ein Willensakt vorausgehen. Aber Sie haben damit die Möglichkeit, im Alltag diese Dinge so lange zu üben, bis sie Ihnen in Fleisch und Blut übergegangen sind und dann in der Tat ohne Absicht, völlig motivlos praktiziert werden können.

Erkennen Sie Ihre Bindungen

Jeder Mensch hat seine eigenen Bindungen, der eine mehr, der andere weniger. Aber alle haben wir sie. Bevor Sie sich von Ihren Bindungen durch deren Beobachtung frei machen können, indem Sie sie als solche erkennen, brauchen Sie zuerst einen Überblick, was alles so an Ihnen haftet und Sie festhält. Sie sollten für sich eine Liste anlegen, in die Sie nach und nach eintragen, was Sie an Gebundenheiten an sich herausgefunden haben. Bereits die Niederschrift ist ein Akt der Beobachtung, Sie nehmen dadurch wahr, was Sie festhält, wo Sie unfrei sind. Dabei kann es sich um rein materiellen Besitz wie Immobilien, Aktien, Fahrzeuge, Juwelen oder Geld handeln oder um ideelle Werte wie die Beziehung zu Partnern, Freundschaften, Ihre Position in der Wirtschaft oder sonst im öffentlichen Leben oder um ihre Einstellung zu politischen, religiösen und philosophischen Fragen. Sie müssen wissen, dass beim Menschen des Tao auch die eigene Meinung, die er bisher über sich selbst hatte, nichts mehr gilt. Vorher ist er nicht vollkommen frei. Die Bindungen an Phänomene der eigenen inneren Autorität, des eigenen Ich, sind am schwierigsten auszumachen. Aber gerade sie haben bis zur Stunde unseren Lebensstil bestimmt, teils, ohne dass uns dies bewusst wurde. Wenn Sie fähig sind, alles, was Ihnen bisher begegnet ist, und alles, was Ihnen seither lieb und wert war, als Bindung aufzufassen (zum Teil rein auf Verdacht hin), ferner alles zu verleugnen, was man Ihnen von der Kindheit an bis heute als Wahrheit über Ihre Existenz und das Leben verkauft hat, dann haben Sie wahrhaft einen unmittelbaren Schritt zur inneren Freiheit gemacht. Ich möchte nochmals betonen, dass kein Mensch seine Frau oder seinen Mann verlassen muss, um frei zu sein. Gebundenheit ist ein Vorgang, der von innen heraus geschieht, sehr verborgen. So verborgen, dass Sie Ihre Liste wahrscheinlich nicht in einem Durchgang erstellen können, weil einfach zu viele Dinge in aller Heimlichkeit an Ihnen hängen, ohne dass Sie sich dessen bewusst sind. In Freiheit ist es viel leichter, andere zu lieben. Wenn wir den anderen aus unserer Gebundenheit heraus lieben, ist darin viel Zweck und Korruption enthalten. Niemals aber, wenn Liebe aus der inneren Ungebundenheit heraus erfolgt.

Lesen Sie Ihre Liste täglich einmal oder ein paar Mal

durch, ergänzen Sie, was Ihnen dazu einfällt – und beobachten Sie. Beobachten Sie sich im Alltag, wie Sie auf Dinge, Personen und Ideen reagieren, an die Sie gebunden sind, und wie sich Ihre Reaktion, Ihr Handeln, infolge dieser Gebundenheit auswirkt. Sie werden sehr bald begreifen, dass viele Dinge von Ihnen anders gehandhabt würden, Sie anders entscheiden würden, wenn Sie ohne diese Bindungen leben könnten. Wie eingeschränkt Ihr Dasein durch diese Konditionen geworden ist, wird Ihnen ohnedies erst dann klar, wenn Sie der Misere ins Gesicht schauen, ohne wegzublicken, sich der Wirklichkeit, den Tatsachen stellen, ohne Verschleierung durch gedankliche Interpretationen. Beachten Sie ganz besonders, dass Sie während des Beobachtens von keinen Nebengedanken gestört werden. Und enthalten Sie sich jedes gedanklichen Kommentars zu den Phänomenen, deren Sie innewerden. Untersuchen Sie besonders sorgfältig Ihre Meinungen. Diese sind bei jedem Menschen konditioniert und voreingenommen. Wir orientieren uns leider nur allzu gerne an den Spielregeln und Gesetzen, welche die Gesellschaft aufgestellt hat, richten uns in unserem Denken nach der öffentlichen Meinung, anstatt unseren tief innen sitzenden Gefühlen zu vertrauen. Solange Sie Entscheidungen eher nach einem Blick auf die öffentliche Meinung fällen, anstatt sich nach Ihrer Intuition zu richten, sind Sie noch arg gebunden, und wahrscheinlich registrieren Sie diese Gebundenheit überhaupt nicht in ihrer vollen Auswirkung und Tragik. Ich predige hier keinesfalls Rebellion oder gar revolutionäre Ideen, denn die einzige Revolution, die hier stattfinden soll, geschieht in Ihnen selbst, unbemerkt von außen. Der Mensch des Tao wird ganz automatisch richtig handeln und in den Schranken der geltenden Gesetze wandeln, ohne dass ihn dazu jemand besonders aufklären muss. Aber die Ordnung, in der er lebt, ist eine natürliche, keine aufgezwungene. Seine Sittlichkeit ist echt, es ist keine Frömmelei, die nur aufgetüncht ist, um andere zu täuschen. Sie mögen jeden anderen Menschen täuschen können, mit dem Tao funktioniert dieses Spielchen nicht. Hier hilft nur absolute Ehrlichkeit. Ehrlichkeit gegenüber sich selbst. Wenn Sie eine Bindung sehen, Sie aber leugnen, dann existiert diese Bindung trotzdem, egal, wie Sie sich dazu stellen, ob Sie Ihre Schwächen zugeben oder nicht. Das ist das Schöne am Leben im Tao – es gibt keine Falschheit, keinerlei Täuschung oder Lüge.

Je gründlicher Sie mit Ihren Bindungen und Abhängigkeiten aufräumen, desto nachhaltiger werden Aufmerksamkeit und die Fähigkeit, hier und jetzt frei von Bedrängnis und Sorge zu leben, Ihre Tage bestimmen. Seien Sie lieber zu gründlich als zu nachlässig. Und noch ein Ratschlag: Das Leben im Tao ist eine heitere Sache, nicht bierernst und nicht streng. Fassen Sie Ihre Existenz eher als Spiel auf, statt sie voller Selbstmitleid als Wandel durch ein Jammertal anzusehen. Und nehmen Sie diese Übung des Auffindens Ihrer Fesseln nicht krampfhaft vor, tun Sie alles so leicht, als ob Sie selbst eine schwebende Feder seien. Dann wird auch Beobachten, Aufmerksamkeit, nicht zur belastenden Aufgabe. Die Dinge geschehen von selbst, so leicht, so einfach kann es sein, wenn Sie nur verstehen, wie man loslässt. Ein Trost ist das Wissen, dass der Prozess des Loslösens von der Gebundenheit nicht von uns selbst bewältigt werden muss. Diese Aufgabe können wir getrost der Macht des Tao überlassen. Was uns verbleibt, ist jener Teil, in dem es hinblicken, aufmerksam sein, beobachten heißt.

Die Kunst, in der Gegenwart zu leben

«Wenn ich esse, dann esse ich; wenn ich trinke, dann trinke ich; wenn ich schlafe, dann schlafe ich.» So drückte einmal ein Weiser des alten China seine Art, in der Gegenwart zu leben, aus. Hört sich ungemein simpel an, das tue ich doch auch, denken Sie. Aber ich muss Ihnen sagen, dass Sie eben gerade das nicht tun, nämlich essen, wenn Sie essen. Wenn Sie essen – beobachten Sie sich doch einfach selbst, wie das vor sich geht. Während Sie die Bissen in den Mund schieben, kauen, schlucken, weilt Ihr Geist irgendwo ganz anders. Beim Frühstück eilen Ihre Gedanken voraus an den Arbeitsplatz, Sie bestreichen ein Brötchen dabei, sind sich dessen aber nicht gewahr. Sie sind im Begriff, sich auf die Mühen und Herausforderungen des anbrechenden Tages vorzubereiten, und erwägen bereits seine Möglichkeiten und spielen Ihre Reaktionen durch. Das tun Sie wirklich, während Sie frühstücken. Und bei den anderen Mahlzeiten ist es nicht besser. Wenn Sie ganz ehrlich mit sich sind, geben Sie zu, dass Sie eigentlich ganz selten mit all Ihren Sinnen dort sind, wo Sie gerade verweilen. Sie eilen entweder voraus zu kommenden Ereignissen oder hängen in Ihren Gedanken hinterher und analysieren sich erinnernd irgendwelche Vorgänge, die scheinbar für den Augenblick relevanter sind als das, was Sie gerade tun. Anders ausgedrückt: Ihr Leben in der Gegenwart findet nicht statt. Denn Gedanken entspringen der Gehirntätigkeit. Das Gehirn ist Materie und vergänglich. Folglich sind unsere Gedanken gleichfalls von materieller, vergänglicher Beschaffenheit. Da der Denkvorgang immer alles mit Werten und Daten der Vergangenheit vergleicht – auch wenn er in der Zukunft operiert –, also auf das Archiv der Erinnerung zurückgreifen muss bei allem, was er unternimmt, bewegen Sie sich grundsätzlich in der Vergangenheit, sobald Sie anfangen (oder nicht aufhören) zu denken. Das ist eine Tatsache.

Ich gebe zu, es ist sehr, sehr schwer, mit all seinen Sinnen in der Gegenwart zu bleiben. All unsere Impulse drängen uns immer und immer wieder in die Vergangenheit ab. Wir sind auch nicht fähig, uns in Gedanken anhaltend mit unserer augenblicklichen Beschäftigung zu befassen, andauernd irren wir irgendwohin ab, in Bereiche, die nichts mit dem Augenblick zu tun haben. Auf diese Weise weicht der Mensch ständig dem wirklichen Geschehen, das sich vor seinen Augen abspielt, aus und lebt in einer weniger aktuellen Dimension. Diese Untugend, niemals der Wirklichkeit ins Gesicht zu sehen, haftet uns von Jugend auf an. Es ist eine Gewohnheit, aus der wir schon deshalb nicht herauskommen, weil wir uns ihrer nicht bewusst sind. Wir bilden uns tatsächlich ein, wir seien voll mit Essen oder Trinken beschäftigt, während wir dies tun. Ihre erste Übung besteht also darin, dass Sie künftig Ihre Aufmerksamkeit auf das augenblickliche Geschehen um sich her richten. Sammeln Sie in der Anfangszeit auch Ihre Gedanken und lenken Sie diese zu der Tätigkeit hin, mit der Sie gerade beschäftigt sind. Da unser Geist überhaupt nicht darauf eingestellt ist, in der Gegenwart zu leben, muss hier mit einer gewissen Energie die Trägheit der alten, eingefahrenen Gewohnheiten überwunden werden. Sie müssen zuallererst Interesse an der Gegenwart aufbringen. Hier liegt zumeist das erste massive Hindernis begraben. Unser Alltag, wie er sich tagtäglich offenbart, missfällt uns zutiefst. Er ist monoton, wiederholt sich, ein Tag gleicht beinahe dem nächsten wie ein Ei dem anderen, sogar unsere Gedanken bewegen sich im Kreis, wiederholen sich ständig. Manchmal fühlen wir uns, wie sich vielleicht eine Pflanze fühlt, deren Samen das Schicksal an einen ungewöhnlich düsteren, unerfreulichen Ort geweht hat und die darum dort ausharren muss, solange sie existiert. Wir erkennen in unserem Leben keinen erfreulichen Sinn – und darum sind wir andauernd auf der Flucht vor der Wirklichkeit. Unser Geist, unsere Gedanken sind stets beschäftigt, uns von der Tristesse des Augenblicks hinwegzuführen, uns in einer Vision der Existenz in besseren Gefilden einzulullen. Und so verstreichen die Jahre, vergeht das Leben. Wir haben gelebt und doch nicht gelebt. Es war eine andauernde Flucht, ein Ausweichen vor den scheinbaren Härten der Wirklichkeit. Wenn dann jemand kommt und uns diesen Fluchtweg verbauen will, von uns verlangt, dass wir uns der Misere unseres Lebens stellen, dann neigen wir automatisch dazu, dieses Ansinnen abzulehnen. Wer hält es schon aus, sich der eigenen Hilflosigkeit den Verhältnissen gegenüber zu stellen, ihr ins Auge zu sehen, sich mit ihr zu identifizieren, sie anzunehmen, ohne Vorbehalte, einfach so. Die Angst vor diesen scheußlichen Gefühlen haben wir seit unseren Kindertagen zu verdrängen gelernt. Die Zuwendung zu Gedanken und Wachträumen, die uns erfolgreich und mächtig sehen, ist die einzige Alternative, die uns einfällt. Und in der Praxis des Lebens versuchen wir, so gut es geht, an einem Stück dieser Macht teilzuhaben, weil sie uns scheinbar Sicherheit gibt und uns unser beschränktes Leben besser ertragen lässt. Um diesen Preis der Sicherheit unterwerfen wir uns ständig der Autorität anderer Menschen, akzeptieren sie und verhalten uns nach ihren Anweisungen, obwohl wir oftmals damit gegen unsere innerste Überzeugung handeln. Wir kompensieren diese Zustände, indem wir uns in Gedanken weit von dem entfernen, was geschieht.

Auch unsere Probleme behandeln wir auf die gleiche Art. Wir verarbeiten sie gedanklich, analysieren sie, suchen nach Möglichkeiten, sie zu lösen – und bewegen uns so lange im

Kreis, bis wir einen Ausweg gefunden haben. Unsere Gedanken begleiten die Probleme mit Visionen von Sieg und Größe, und wir suggerieren uns das Leid und Unglück hinweg, tagtäglich, immer wieder aufs Neue, und betrügen uns damit fortgesetzt selbst. Dazu sind wir dann fleißig auf der geistigen Suche nach dem Sinn und Zweck unseres Lebens. Wir haben gelernt, dass alles auf Erden ein Motiv haben muss, ein Ziel, es hat auf irgendeine Weise zweckbezogen zu sein. Diese Vorstellung ist ein Gebilde des Verstandes, und sie ist falsch. Unser Dasein hat keinen bestimmten Zweck, hat kein Motiv und kein Ziel. Das ist schwer vorstellbar für Sie, aber es stimmt. Freilich fehlt dann auch der Zweck, uns im Jammertal zu läutern. Das Leben ist nicht ausersehen, den Menschen eine qualvolle Existenz verbringen zu lassen. Unser Leben sollen wir einfach um des Lebens willen leben, weiter nichts. Aber gelebt auf die richtige Weise. Und die richtige Weise zu leben haben wir von dem Augenblick an verfehlt, wo wir begonnen haben, alle Gegenwart von der Vergangenheit aus zu erfahren, in erinnernden Gedanken, in Analysen, aber nicht unmittelbar. Wer ganz in der Gegenwart lebt, muss seinen Schwierigkeiten, muss der Eintönigkeit und allen unerfreulichen Tatsachen ins Auge blicken, ob ihm das, was er wahrnimmt, nun gefällt oder nicht. Es ist nicht die Rede davon, dass uns gleich von Anfang an alles gefallen und zusagen muss, was wir als Wirklichkeit unseres Lebens erblicken. Wir sind abgetrennt von unserem Selbst, von unserem ursprünglichen Wesen, welches den eigentlichen Menschen ausmacht. Was wir für uns, für den Menschen halten, ist unser Ich, das berüchtigte Ego. Dieses Ich ist ein Gebilde, das immer nur aus Denken, Gedanken, Wissen, Erfahrung und Erinnerung zusammengesetzt ist und seine Existenz aus Werten der Vergangenheit bezieht. Es ist dem Ego nicht möglich, vollkommen in der Gegenwart zu leben. Wenn Sie es geschafft haben, beobachtend voll da zu sein, jeden Augenblick Ihres Tages, dann leben Sie durch Ihr ursprüngliches Selbst, das Wahre-Selbst Dschuang Dsis. Dieses Leben aus dem Selbst findet bereits dann statt, wenn Sie Ihre Gedanken auf die Gegenwart richten können und zugleich diese Gedanken beobachten. Tun Sie das, um Ihres eigenen Glückes und Wohlergehens willen.

Nehmen Sie sich das bewusste Wahrnehmen der Gegenwart als tägliche, permanente Übung vor. Achten Sie auf Ihre Gedanken, die von der Gegenwart, vom Augenblick so gerne abschweifen und Sie ablenken möchten. Stellen Sie sich dieser anfänglich hässlichen Szene, blicken Sie mutig den Tatsachen ins Gesicht. Denn damit verändern Sie Ihre Situation gleichzeitig. Was Ihnen deutlich missfällt, wird nicht in Ihrem Leben verbleiben. Sie setzen mit dem Freiwerden Ihres ursprünglichen Selbst Kräfte in Bewegung, die zu Ihrem Segen wirksam werden und Ihre Situation grundlegend verändern, und zwar weitaus besser, als Sie sich selbst durch Übungen des Positiven Denkens suggerieren könnten. Überlassen Sie der Autorität des Tao, wie Ihr Leben künftig aussehen wird. Handeln Sie spontan nach Ihren Eingebungen, und Sie werden keine Fehler machen.

Ihre Gedanken werden in der Gegenwart zunehmend unbedeutender und unter Ihren beobachtenden Sinnen mehr und mehr abnehmen und ruhiger werden, weiter von Ihrem Kern entfernt anklingen und wieder davonschweben. Sie brauchen dann nur jene Impulse aufzugreifen, die Ihnen zur Bewältigung der augenblicklichen Aufgabe dienlich sind. Ideen und Vorstellungen, die Ihre werte Person betreffen, entfallen künftig drastisch. Denn Sie werden bald nicht mehr nötig haben, sich ein Bild von sich selbst zu machen, Sie haben sich akzeptiert, ohne Änderungswünsche, ohne etwas anderes werden zu wollen als das, was Sie sind – ein Mensch, der im Hier und Jetzt lebt. Da Sie sich zuvor bereits parallel bemüht haben, Ihre Bindungen zu erkennen, und weitgehend von ihnen frei geworden sind, können Gedanken auch nicht mehr um diese Phänomene kreisen und Sie ablenken. Es entsteht von ganz alleine Ruhe und Harmonie in Ihrem bisher so wirren Geist. Konflikte und Verwirrung lösen sich auf und haben keine Energie mehr, neu aufzuflackern.

Wie Sie künftig Ihren Problemen begegnen

Das Rezept ist ungewöhnlich einfach. Schwierig sind die Voraussetzungen, die Ihnen die Anwendung der Rezeptur erst ermöglichen. Nun, über diese Voraussetzungen haben wir ausführlich gesprochen: Freiheit von aller inneren Gebundenheit und Leben in der Gegenwart. Mehr ist nicht notwendig – aber mit weniger geht es auch nicht.

Als ganz wichtig sollten Sie Folgendes beachten: Zweifel oder Glauben beeinflussen das Wirken der Kräfte des Tao überhaupt nicht. Beides sind Denkvorgänge, die keinen Kontakt zu Bereichen haben, die sich jenseits der Gedanken befinden. Wer das Leben des Tao richtig lebt, also von Augenblick zu Augenblick, wird von Ideen des Zweifels oder Glaubens ohnehin nicht gequält werden, er ist frei von künstlichen Vorstellungen. Er lebt in der Realität, er nimmt wahr, was ist und was geschieht, nicht Dinge, die eventuell geschehen können. Diese sind bedeutungslos, und es lohnt sich nicht, darüber nachzugrübeln. Wohl lässt das Leben mit seinen Anforderungen auch den Menschen des Tao nicht unverschont, aber er begegnet der Herausforderung mit anderen Mitteln als Menschen, die nur nach ihrem Verstandeswissen handeln.

Wir Menschen besitzen außerhalb unseres logischen Verstandes tief verborgen, bislang verdeckt von der Arbeitsweise des Intellektes, eine feinnervige Intelligenz. Diese Intelligenz wird im Alltagsleben der meisten Menschen überschrien von den lauten Vorgängen im Kopf. In extrem krisenhaften Augenblicken schimmert manchmal etwas durch von dieser Energie, aber wir sind nicht fähig, uns ihrer auf Dauer mit den bislang verwendeten Mitteln zu bedienen. Sie entzieht sich jeder Art von Denken. Das mag paradox klingen, dass wahre Intelligenz nichts mit Denken gemein hat. Wenn Sie aber davon ausgehen, dass der Begriff Intelligenz von uns willkürlich angewendet wird für die Fähigkeit zu logischem, konstruktivem Denken, aber diese Art Logik nichts mit der Intelligenz zu tun hat, die kosmisch ist, kommen wir einen Schritt weiter. Die Intelligenz, von der ich hier rede, bewirkt beispielsweise in der Natur so kluge Sachen wie Pflanzen, die ihren Samen durch den Weg des Vogelmagens verbreiten. Wenn nun in unserem Leben ein Problem auftaucht, sei es eine Krankheit, sei es eine finanzielle Schwierigkeit oder ein Konflikt in einer zwischenmenschlichen Beziehung, dann können wir mit Hilfe dieser jedem Menschen innewohnenden immateriellen Intelligenz dieses Problem aus der Welt schaffen. Dazu ist unser Denken völlig unnütz. Solange wir über Möglichkeiten nachgrübeln, unseren Kopf anstrengen, solange wir versuchen, mit eigenen unzulänglichen Mitteln einen Weg aus der temporären Misere zu finden, blockieren wir ganz automatisch die Aktion jener anderen Kraft in uns. Sie tritt nie in Aktion, solange der Mensch mit den Instrumenten des Ego operiert. Erst wenn wir die Finger von der Lösung des Problems lassen, kann diese Intelligenz ihre Macht entfalten und für uns die Schwierigkeiten aus dem Weg räumen. Dieser Vorgang erfolgt ganz selbsttätig. Wir haben nur dafür zu sorgen, dass das Wesen des Problems, der Aufgabe, ganz nahe an unser tieferes Selbst herangeführt wird. Und dies erreichen wir wiederum durch Aufmerksamkeit, durch Beobachten. Wir müssen unser Problem ganz genau betrachten, es drehen und wenden, nach allen Seiten, nicht wegblicken, wenn eigenes Verschulden die Ursache der Misere oder Gefahr im Verzug ist, vielleicht gar unsere Existenz bedroht. Hinschauen, ganz gründlich. Und keine Gedanken auf das Problem verschwenden, es nur betrachten. Sie werden dabei das Gefühl haben, hinschauen, hinfühlen nützt nichts. Das Ganze fühlt sich so wirkungslos, so schwach, so unnütz an. Und gerade in dieser Schwäche, im Hinnehmen der eigenen Ohnmacht, der Hilflosigkeit, mit der wir den Dingen ausgesetzt sind, löst es die spontane Aktion des Tao aus. Es geht darum, Ihr Problem zu erahnen, es zu fühlen, auf eine Art zu fühlen, die mit dem in früheren Kapiteln beschriebenen «gedachten» Fühlen nichts zu tun hat. Sie müssen üben, ein echtes Gefühl für Ihre Probleme und Ihre Lebenssituation aufzubringen. Glauben Sie mir, wenn Sie erst gelernt haben, Probleme auf diese Weise anzugehen, werden Sie aus froher Erfahrung nie mehr auf andere Art versuchen, etwas zu erreichen.

Nie sollten Sie sich über das Wie der Lösung den Kopf zerbrechen. Sie würden entweder vorgreifen oder völlig falsche Erwartungen in sich aufbauen. So klug und gründlich kann Ihr begrenzter Verstand Herausforderungen des Lebens, wie sie auch beschaffen sein mögen, nie begegnen wie diese Intelligenz in Ihnen. Es hat Sie vielleicht irritiert, dass ich oben schrieb, Glaube oder Zweifel könnten diese Aktionen nicht beeinflussen. Aber bedenken Sie doch, diese Intelligenz jenseits des Denkens gehört Ihnen, sie ist da, verborgen wohl, aber dennoch existent. Sie können Ihre unterschwelligen Fähigkeiten wohl verleugnen, ignorieren, ablehnen, aber da sind sie trotzdem. Deshalb können Glaube und Zweifel diese Realität nicht berühren oder an ihr rütteln. Einzig Ihr Verhalten, Ihre Bereitschaft, die Intelligenz des Tao, diese Ihnen innewohnende Schöpferkraft an Ihrer statt wirken zu lassen, lösen die Probleme des Lebens, nichts anderes. Solange Sie aus eigener Kraft und Machtvollkommenheit agieren, stärken Sie nur Ihr Ego, dieses Gebilde, das Ihrer Verwirklichung hinten und vorne nur im Wege steht.

Mit Wünschen jeder Gattung verfahren Sie genauso wie mit Problemen. Überlassen Sie die Details der Weisheit des Tao, geben Sie den großen Rahmen vor. Beobachten Sie nicht denkend diese Wünsche, erahnen, erfühlen Sie sie – dazu genügen erfahrungsgemäß ganz kurze Impulse –, und Sie werden erfahren, wie einfach es ist, sein Leben mittels der Kraft des Tao zu realisieren anstelle des Gerangels, wie das Ego sich das Leben vorstellt.

Behandeln Sie Ihren Körper pfleglich

Das Tao kennt keinerlei Einschränkungen sinnlicher Genüsse und schreibt keine Diät oder Essregeln vor. Da Sie selbst in sich all die beschriebenen Fähigkeiten besitzen, die Ihnen niemand nehmen kann, die Sie sich höchstens selbst absprechen, weil Sie ihr Vorhandensein aus Erfahrung nicht für möglich halten, wirkt sich äußeres Verhalten kaum auf die Wirkungsweise Ihrer kosmischen Energien aus. Frömmler lieben es ungemein, uns Vorschriften zu machen, wie wir zu leben haben, erklären uns, was Sünde ist und was nicht, dabei sind sie selbst derart verklemmt und gebunden, dass es einen erbarmen möge. Solche Leute sind so weit von ihrem

Kern, von ihrem Selbst abgetrennt, dass es ihnen sehr schwer fallen wird, sich von dieser einseitigen Sicht ihrer Existenz zu befreien.

Sie können also in Bezug auf Ihr spirituelles Leben bedenkenlos täglich Sex haben, wahre Orgien meinetwegen, eine Flasche Schnaps oder zwei dazu trinken, sechzig Zigaretten rauchen und kiloweise Fleisch dazu essen. Diese exzessive Lebensweise wird den Fluss des Tao nur in einer Art beeinflussen: Es bekommt Ihrem Körper nicht. Wir Menschen der Zivilisation haben seit langer Zeit die Beziehung zu unserem Körper verloren. Ich rede hier keiner narzisstischen, kultischen Verehrung unseres Leibes das Wort. Diese verlorene Beziehung drückt sich darin aus, dass wir unseren Organismus vernachlässigen, ihm nicht die gehörige Aufmerksamkeit schenken und ihm in der Regel permanent Dinge zumuten, die er zwar eine Zeit lang klaglos verträgt, die ihm aber dennoch schaden. Der Mensch des Tao findet von ganz alleine eine neue Beziehung zu seinem Körper, weil dieser eine Einheit mit des Menschen Geist darstellt, nicht getrennt von ihm ist, sondern einen wechselwirkenden Organismus bildet, der sehr stark den immateriellen Strömungen und Einflüssen ausgesetzt ist. Ich behaupte – und da stehe ich nicht allein –, dass Krankheit grundsätzlich psychosomatischer Natur ist, dass Leiden jeder Art zuerst ihren geistigen Nährboden haben, bevor sie zum Ausbruch kommen und in Form irgendeiner organischen Störung sichtbar werden. Unseren Körper nicht als etwas von uns Getrenntes anzusehen ist sehr wichtig. Es wäre falsch, uns Menschen ausschließlich als Körper zu sehen, mit einem Gehirn, das allein den Geist repräsentiert, wenn beide auch für unser Wohlergehen und unsere geistige, mentale Leistungsfähigkeit eine bedeutende Rolle spielen.

Darum möchte ich Ihnen doch einige Empfehlungen mitgeben, wie Sie eine engere, bessere, verständnisvollere Beziehung zu Ihrem Körper und seinen Bedürfnissen entwickeln können. Wenn Sie genau hinsehen, werden Sie feststellen, dass von Ihren Sinnen das Sehvermögen am meisten bewusst eingesetzt wird, dann an zweiter Stelle das Gehör und die restlichen Sinne je nach Bedarf, wobei der Tastsinn kaum noch als wichtige Lebensfunktion wahrgenommen wird. Wer die Natur in vollen Zügen erleben möchte, sollte lernen, sie mit all seinen Sinnen wahrzunehmen, als Ganzheit des Empfindens und als Erlebnis, das nicht vom Verstand interpretiert wird, bevor es in unser Inneres gelangt. Es ist so wichtig, dass wir wieder lernen, spontan und unmittelbar Gebrauch von unseren Sinnen zu machen. Denken Sie doch einmal an Szenen bei Verkehrsunfällen, wenn Zeugen etliche sich widersprechende Versionen des gleichen Vorgangs von sich geben. Diese Leute glauben tatsächlich, dass sie die Dinge so gesehen haben, wie sie diese darstellen. Jeder ein wenig anders oder total von der Sicht der Übrigen abweichend. So stark beeinflusst der dazwischengeschaltete Denkvorgang unsere Sicht auf Geschehnisse, die sich unmittelbar vor unserer Nase abspielen.

Ihre Übung soll darin bestehen, dass Sie Ihre Sinne als Ganzheit einzusetzen lernen. Infolge des vor das Bewusstwerden geschalteten Denkvorgangs trennen Sie Hören, Sehen, Schmecken, Fühlen, Riechen ganz automatisch voneinander. Wir haben unseren Sinneswahrnehmungen ja dafür auch eigene Bezeichnungen gegeben, jede hat ihren eigenen Namen. Und gerade diese Unterscheidung, Trennung der Wahrnehmungen voneinander, ist so grundverkehrt. Der ursprüngliche Mensch, der wir sein sollten, setzt all seine Sinne zugleich ein, nimmt spontan die Geschehnisse in sich auf, nicht nur aufs Auge konzentriert, sondern in ihrer Ganzheit, ohne nachzudenken, ohne die Eindrücke zu verarbeiten. Sie werden beim Versuch, die Wirklichkeit um sich her als Ganzes mit allen Sinnen wahrzunehmen, sehr rasch feststellen, dass das intellektuell nicht geht. Mit dem Verstand können Sie einen solchen simultanen Vorgang nicht mehr in den Griff bekommen, geschweige denn ihn nachvollziehen. Es ist der Intuition, Ihrem Gefühlshaushalt vorbehalten, die Sinneseindrücke als Gesamtheit zu erfahren. Davon werden Sie anfangs nicht viel spüren. Es braucht Geduld. Aber es wird der Tag kommen, wo Sie ganz automatisch auf Reize von außen nicht mehr alleine nur mit einem Ihrer Sinnesorgane reagieren, sondern mit mehreren, und wo Sie ganz verblüfft an sich feststellen, dass die Intensität, mit der Sie hören, fühlen, schmecken, eine ganz neue Dimension und Qualität gewonnen hat. Dann wird Ihnen die Entscheidung, ob Sie 60 Zigaretten rauchen sollen und damit Ihre Nasenschleimhäute in Bezug auf Ihr Riechvermögen außer Betrieb setzen, wahrscheinlich leichter fallen.

Bezüglich der Ernährung kennt Tao keine Vorschriften und Regeln. Wohl wird in taoistischen Klöstern vegetarisch gelebt, das ist sehr zweckmäßig, weil die Mönche in den Gärten des Klosters auf einfache, billige Weise ihre Nahrung anbauen können und so finanziell recht unabhängig sind. Andererseits ist der Aufenthalt in diesen Klöstern oft befristet, man kann den Mönchstatus nicht mit dem unserer Patres vergleichen, die infolge ihres Gelübdes lebenslang im Kloster bleiben müssen. Aber trotzdem ist die Sache mit der vegetarischen Ernährung einer Überlegung wert. Vor vielen Jahren kannte ich einmal einen Yoga-Maharishi, der sehr strenger Vegetarier war, er lehnte jede Art von tierischen Produkten ab, aß auch keine Eier und keine Milcherzeugnisse. Er erklärte seinen Zuhörern immer, dass die stärksten Lebewesen auf Erden, der Elefant und der Wasserbüffel, reine Vegetarier seien und dennoch über solch immense Kraft verfügten. Er verglich pflanzliche Nahrung mit dem Treibstoff eines Düsenflugzeugs, leicht verbrennbar, ätherisch, während Fleischkost mit Dieselöl zu vergleichen sei, voller Rückstände und Inhalte, die den gesamten Verdauungsorganismus belasteten. Zum großen Teil möchte ich diesem Mann Recht geben. Gesünder ist vegetarische Kost auf alle Fälle. Diese Rehabilitationskliniken für Krebskranke schreiben nicht von ungefähr pflanzliche Ernährung vor als unerlässlich für eine mögliche Heilung. Falls Sie sich mit Gedanken über vegetarische Ernährung tragen, sollten Sie Folgendes dazu wissen (daran scheitern oft derartige Versuche): Vegetarisch essen heißt weder, dass wir bei unseren seitherigen Kochrezepten bleiben, also die Beilagen essen und einfach das Fleisch weglassen. Es heißt aber auch nicht, dass wir diese Beilagen beibehalten und uns für das fehlende Fleisch einen Ersatz schaffen, der Fleisch ähnelt – zum Beispiel diese obskuren Bratlinge. Beides ergibt mittelfristig keinen Sinn. Vegetarisch essen bedeutet ein vollständiges Umdenken in Bezug auf die Zusammenstellung Ihrer Nahrung. Die Gerichte, die Sie dann zu sich nehmen werden, sind von der Struktur her nach vollständig anderen Gesichtspunkten zusammengesetzt als die Beilagen Ihrer bisherigen Küche. Am besten beschaffen Sie sich gegebenenfalls einige gute Bücher über Vollwertkost, es würde den Rahmen dieser Arbeit sprengen, wollte ich hier jetzt Kochrezepte zum Besten geben. Mir geht es darum, dass Sie das Prinzip verstehen.

Und treiben Sie Sport. Nicht diesen unsinnigen Leistungssport, der, vom Ehrgeiz getrieben, dem Menschen mehr schadet als nützt. Sport, der Freude macht und entspannt. Ich habe zwar zuvor geschrieben, dass ich mit dem chinesischen Yoga nicht viel im Sinn habe, weil er sich auf Kundalini-Praktiken konzentriert, denen gegenüber die Methoden, welche sich mit der geschilderten Meditation der Stille befassen, weitaus bessere Resultate erzielen, ohne dass der Ausübende sich den physiologischen Risiken der Kundalini-Technik aussetzen muss. Aber der indische Hatha-Yoga ist eine feine Sache. Sie brauchen Hatha-Yoga keineswegs als reinen Sport aufzufassen, da steckt schon mehr dahinter. Aber für den Menschen des Tao genügt es, wenn er diesen Yoga zur Stärkung und Erhaltung seiner Vitalität einsetzt. Und wenn Sie Yoga üben wollen, dann behandeln Sie ihn ebenfalls nicht wie eine Disziplin des Leistungssports. Gehen Sie behutsam vor, übernehmen Sie sich nicht. Bänder und Muskeln sind so schnell verzerrt und heilen dann so endlos langsam. Am besten kaufen Sie sich auch hierüber ein ordentliches Buch, es gibt sie inzwischen in den Buchhandlungen in rauen Mengen.

Lernen Sie, Ihrer Intuition zu vertrauen

Heute noch reagieren Sie auf die alltäglichen Geschehnisse Ihres Lebens, indem Sie jeden Vorgang mit Ihrem Verstand untersuchen, gründlicher bei schwerwiegenderen Vorfällen und flüchtiger bei mehr oder weniger unverfänglichen Angelegenheiten. Aber Bedenkzeit brauchen Sie in jedem Fall. Und mit jedem Mal, wo Sie vor einer kleinen oder großen Entscheidung stehen, blockieren Sie mit ebendiesem Denkvorgang, der Sie auf Ihre Reaktion vorbereitet, das Wirken der Kraft des Tao. Die Weisheit, die in Ihnen wohnt, hat keine Chance, zu handeln oder Ihnen den Impuls für Ihr Handeln zu geben, wenn Sie erstens weder hinhören und zweitens so voll damit beschäftigt sind, selbst die Entscheidung zu finden. Dabei dürfen Sie getrost dieser mächtigen Intelligenz vertrauen, in den kleinen Dingen des Lebens ebenso wie in den großen, die über Wohl und Wehe der Zukunft zu entscheiden haben.

Machen Sie es sich zuerst einmal zur alltäglichen Übung, allen kleineren Herausforderungen oder Geschehnissen gegenüber keinen Gedanken mehr zu verschwenden. Handeln Sie nach dem Impuls Ihrer Intuition, der sich bei jedem noch so geringen Ereignis einstellt, und zwar unverzüglich, ohne Pause dazwischen. Lernen Sie, diesen Impuls wahrzunehmen – und dann handeln Sie entsprechend, ohne sich um richtig oder falsch zu kümmern. Glauben Sie, es ist dann richtig, nichts kann falsch für Sie sein, wenn Sie dieser Autorität vertrauen. Da es sich um kleine Begebenheiten handelt, riskieren Sie am Anfang ja nicht viel, wenn Sie sich, wie empfohlen, verhalten. Sie werden bald die Erfahrung machen, dass es sich ungemein gut leben lässt auf diese spontane Weise und dass der Erfolg Ihnen Recht gibt. Die Resultate spontanen Handelns zeugen von kreativer, schöpferischer Weisheit, die Sie bei allem Nachdenken aus der Kraft und dem Wissen Ihres Ichs niemals aufbringen könnten. Mit Ihrem Verstand beurteilen Sie die Dinge grundsätzlich befangen und damit eingeengt. Ich weiß aus Erfahrung, dass oft ein Impuls mir zu einem Schritt rät, den ich dann sogleich ausführe, aber kurz darauf scheint die Sache verkehrt angefasst worden zu sein. Es kommt eine Reaktion, die den spontanen Entschluss zum Handeln als falsch darstellt, wenn ich zum Beispiel jemandem, von dem ich abhänge, eine patzige Antwort gebe und der Betreffende mir seine Gunst daraufhin entzieht. Aber hinterher habe ich immer festgestellt, dass diese sofortige Entscheidung, die tief aus dem Gefühl geboren war, richtig gewesen ist. Noch nie hatte ich die Folgen eines solchen Schrittes zu bereuen.

Wenn Sie dann zu Ihren eigenen Fähigkeiten genügend Vertrauen gewonnen haben, können Sie das Verfahren auch auf größere Dinge anwenden, ob Sie sich selbständig machen sollen oder diesen Mann heiraten oder Ihre Wohnung kündigen oder auswandern oder Gärtner werden – oder was immer es sein mag. Legen Sie die großen Entscheidungen und die lebenswichtigen Handlungen Ihres Lebens getrost in die gleichen Hände wie die kleinen. Sie werden es niemals zu bereuen haben. Wenn Ihnen aufgrund einer (scheinbaren) Fehlentscheidung Ihr Haus abbrennt, dann – seien Sie versichert – geschieht dies einzig darum, dass Sie hinterher ein besseres bekommen.

Üben Sie sich im Nichtunterscheiden

Sowohl die Taoisten wie auch die Patriarchen des Zen-Buddhismus verkünden einstimmig, dass die Welt, die ich wahrnehme, untrennbarer Bestandteil von mir selbst ist. Ich soll darum gedanklich keine Trennung zwischen mir und meinem Umfeld vornehmen. Das Universum und der darin lebende Mensch bilden eine geschlossene Einheit. Die Kernphysik liefert uns in diesen Jahren zweifelsfreie Indizien für diesen Tatbestand, so unbegreiflich solche Aussagen für unseren Verstand auch sein mögen. Und die Weisen von Tao und Zen erklären unisono eindeutig, dass der Schritt zu Satori, zur Erleuchtung, nicht zuletzt durch das Erkennen dieser Ganzheit von Mensch und Schöpfung ausgelöst wird.

Unsere Übung in dieser «Disziplin» muss vom Gefühl bestimmt sein, da wir dem Verstand, so diszipliniert er auch sein mag, diese Aufgabe nicht übertragen können. Versuchen Sie es einfach einmal. Wenn Sie spazieren gehen und in der freien Natur sind. Draußen begegnen Sie Vögeln, die Sie mit ihrem Gesang erfreuen, Sie finden einen Bach mit Steinen am Grund, über die das Wasser fließt, Sie treffen auf Bäume, Büsche und allerlei Pflanzen, vom Grashalm bis zum Gänseblümchen. Nun stellen Sie sich vor, all diese geschauten, gerochenen, gehörten Erscheinungen seien ein einziger Organismus, seien Glieder Ihres eigenen Körpers und wären untrennbar mit Ihnen verbunden, auch wenn dies Sie nicht in Ihren Bewegungen behindert. Wenn Sie das empfinden können, diese Zusammengehörigkeit, dann fühlen Sie etwas, das tatsächlich so ist.

Wenn Sie dann einem Baum gegenüberstehen, ist dies nicht das Wort «Baum», es ist ein Teil von Ihnen, dieser Baum gehört zu Ihnen. Versuchen Sie, ganz gleich, wie unlogisch es Ihnen erscheinen mag, so oft wie möglich auf diese Art Ihre Umgebung zu sehen. Hören Sie auf, die Dinge, die Ihnen begegnen, in das Schema einzuordnen, das man Sie gelehrt hat, hören Sie auf, den Erscheinungen in der Natur Namen zu geben, es sei denn, Ihren eigenen. Glauben Sie mir, Sie werden es spüren, diese Zusammengehörigkeit, die ursprüngliche Verbundenheit zwischen Ihnen und diesen Dingen rings um Sie her. Im Zustand der Erleuchtung ist dieses Wissen um die Einheit des Menschen, des Individuums mit dem Universum, ganz klar und deutlich vorhanden. Diese Zusammengehörigkeit schmälert in keiner Weise Ihre Fähigkeit, als Einzelwesen zu empfinden und zu handeln. Es ist eine echte Erweiterung, eine Vergrößerung Ihres inneren Reichtums, den Sie da erfahren.

Sie mögen sich an den einen oder anderen dieser Ratschläge halten oder es sein lassen. Wenn Sie lernen, in der

Gegenwart zu leben und Ihre Gefühle, Ihre Intuitionen Ihnen mehr und mehr Einsicht in das wirkliche Geschehen Ihres Alltags vermitteln, ergeben sich die zuvor beschriebenen Verhaltensmuster teils ganz von selbst.

Zusammenfassung

Damit wären wir am Ende der praktischen Unterweisungen angelangt. Ich habe mich in dem vorausgegangenen Text einige Male wiederholt, ein Problem von jeweils einer anderen Seite beleuchtet, und ich habe die wenigen elementaren Regeln des Lebens im Geiste des Tao so deutlich wie möglich herauszustellen versucht, sodass jeder sie trotz ihrer scheinbaren Einfachheit begreifen kann. Fassen Sie das Gesagte bitte nicht als die neue Form irgendeiner Heilslehre auf. Die Tatsache, dass uns das beschriebene Wissen aus alter Zeit von China überliefert wurde, besagt im Grunde nicht viel. Jeder Mensch verbirgt dieses Wissen um die Beschaffenheit seines Selbst in sich und könnte bei genauem Hinsehen von ganz alleine diese Erkenntnisse gewinnen. Wenn ich bei manchen wichtigen Stellen mehrfach auf Beobachten, Aufmerksamkeit, Einsicht hingewiesen habe, dann darum, weil unsere Sprache keine echten Worte besitzt, die dem geistigen Gehalt der Aussagen über das Tao entsprächen. Ich musste mich mit unserem Vokabular behelfen – und das ist eben, wie gesagt, unzulänglich. Zwischendurch fühle ich mich vor einer Aufgabe, als sollte ich einem Menschen, der noch nie ein Fahrrad gesehen hat, schriftlich erklären, wie man Rad fährt. Überlegen Sie sich dieses Problem einmal. Wie wollen Sie mit dürren Worten jemandem die Gesetze der Bewegungsdynamik klar machen, aufgrund deren er auf dem sich bewegenden Fahrrad nicht umkippt, sondern eine stabile Fortbewegung erfährt. Ganz ähnlich sind die Gefühle, die der Leser, die Leserin in diesem Buch empfinden müssen. Es wird Ihnen «Radfahren» erklärt, ohne dass ich das Fahrrad vorzeigen könnte. Die Gesetze des *wu wei*, des Nichthandelns, entziehen sich jeglicher intellektueller Interpretation. Man kann sie in ihrem vollen Umfang nicht verstehen. Aber sehr wohl kann man sie nachleben. Sie brauchen das Gelesene nur im eigenen Leben auszuprobieren, meinetwegen voller Skepsis. Die Erfahrung kann am Ende nur ein Leben sein, das die Ereignisse des Tages in Ihrer vollen Gegenwart erfährt und sich um die nächste Stunde, den folgenden Tag keinerlei Sorgen mehr macht. Sie werden erleben, dass Sorgen für den anderen Tag unnütz sind, weil das Tao, weit über diesen Tag hinausblickend, bereits für Sie gehandelt hat. Das Leben im Hier und Jetzt ist Handeln, ist Bewegung, und es macht einen Unterschied, ob ich über Bewegung nur rede, mir nur vorstelle, mich zu bewegen, oder ob ich in diesem Sinne Bewegung ausführe, selbst Bewegung, also selbst die Gegenwart bin. Halten Sie sich stets vor Augen: Die vollständige Identifikation mit Ihrem Leben, mit allem Planen, mit Ihrem Alltag, lässt Ihre Intuitivkräfte frei fließen auf der positiven Lebensebene. Da ist Gelingen und Erfolg eine ganz zwangsläufige Folge dieser Identifikation.

Wenn Sie meditieren oder sich der einen oder anderen der empfohlenen Übungen zuwenden, sollen Sie wissen, dass alles, was während einer derartigen Übung bewusst praktiziert wird, weit hinein im Alltagsleben fortwirkt, wenn Sie die Übung längst beendet haben. Ohne dass es Ihnen bewusst ist, überlassen Sie sich in immer stärkerem Maße dem Handeln im Geiste des Tao, und Ihr Vertrauen in diese Kräfte wächst aus Erfahrung mit jedem weiteren Tag. Heute glauben Sie noch, Sie müssten sich den Sie umgebenden Verhältnissen anpassen, unter denen Sie leben und wahrscheinlich auch leiden. In Wirklichkeit gestalten Ihre Verhältnisse sich so, wie Sie sich dem Leben gegenüber verhalten. Sie allein sind der Verursacher aller Tatbestände, die Ihr Glück und Wohlsein bestimmen. Alle Dinge geschehen zu lassen und ihren positiven Verlauf zu erfahren erfordert ein großes Maß an Unschuld. Unter Unschuld verstehe ich das Freisein von Berechnung, absichtlichem Verhalten um eines Vorteils, um Gewinns willen, frei sein von jener Art Korruption, die unser heutiges Leben bestimmt, auch wenn wir sie nicht mehr wahrnehmen.

Und denken Sie immer daran, dass jede Art von geistigem Kraftaufwand Gegendruck erzeugt, und zwar in dem Maße, wie Sie mit den Mitteln der Energie Ihr Ziel zu erreichen versuchen. Das Wirken der Kräfte des Tao ist leise, federleicht, aber von ungeheurer Dynamik. Es wird Sie in der Lebenspraxis überraschen, wie punktgenau und drastisch die Lösungen Ihrer Probleme beschaffen sind. Wenn so ein Knoten gelöst ist, dann ist er gelöst. Es bleiben keine losen Enden mehr hängen, wie oft bei uns, wenn wir uns voller Furcht und halbherzig von einer Notlösung zur anderen durchschummeln und ein Loch aufreißen, um das andere zuzustopfen. Derartig schwaches, verkrampftes Handeln wird in Zukunft nicht mehr Bestandteil Ihres irdischen Wirkens sein.

Von den Weisen des Tao und Zen ist uns überliefert, dass es sehr lustige Gesellen gewesen sind. Sie nahmen weder sich noch das Leben, noch ihre Philosophie besonders ernst. Sie waren wahre Lebenskünstler, und das Tao ist die Kunst des Lebens, die Kunst des *wu wei*, des Handelns durch Nichthandeln. Der Mensch ist der Künstler, seine Instrumente, also Leinwand, Pinsel, Ton und Spachtel, sind sein Körper, seine Sinne und Gefühle. Das Leben mit seinen Handlungen ist die ausgeübte Kunst, und das Geschehenlassen der Dinge macht es zum Kunstwerk.

Etwas ist mir noch wichtig zu vermerken: Das Leben im *wu wei* könnte leicht mit dem «In-den-Tag-Hineinleben» leichtsinniger Menschen verwechselt werden. Auch ihnen sagt man nach, dass sie sich um den nächsten Tag keine Sorgen machen würden, und betrachtet sie als Lebenskünstler. Gut, manche mögen es sein, und sie haben ganz unbewusst den richtigen Schritt gefunden. Aber der Rest dieser Leute unterscheidet sich ganz wesentlich von den Menschen des Tao, denn diese Tagediebe sind ungewöhnlich selbstsüchtig, sie konzentrieren ihre Gedanken fortdauernd auf Gelegenheiten, die ihnen Vorteile bringen und diesen Lebensstil ermöglichen, sie sind auf keinen Fall frei von Motiven und Zielen.

Im Tao leben ist da anders. Zwar gleichfalls frei von Sorgen und Gedanken um das Morgen, aber der Mensch des Tao handelt aus seiner Mitte heraus, er hat erfahren, dass in ihm Kräfte wirksam sind, denen zu widerstreben ihm den ganzen Nutzen vorenthalten würde. Er handelt ohne Ziel, ohne Motiv, für ihn ist das Leben als solches Ziel und Motiv genug, er braucht nicht mehr zu seinem Glück. An Macht ist er nicht interessiert, er duldet aber auch keine Machtausübung sich selbst gegenüber. Er ist frei von allen Bindungen, er unterwirft sich keiner Autorität, ganz gleich, ob diese religiöser oder weltanschaulicher Natur ist.

Apropos Gebundenheit. Ich habe beschrieben, wie das Ego durch Denken und die Inhalte des Gedächtnisses zustande kommt. Wer an diesem Ego festzuhalten versucht, nicht bereit ist, es zugunsten seines Selbst verschwinden zu lassen, praktiziert ein Anhaften, das ein ganz schweres Hindernis zur Verwirklichung des Tao darstellt. Das Problem ist, dass die Mehrzahl der Menschen in Wirklichkeit gar nicht vollkommen frei sein möchte. Freiheit bürdet uns Verantwortung auf. Verantwortung für unser eigenes Handeln und für unsere Entscheidungen. Solange wir uns einer Autorität beugen, die uns anweist, was wir zu tun haben, können wir dieser Autorität auch die Verantwortung für unser Handeln und den daraus resultierenden Zustand aufbürden. Sobald wir aber jede Autorität ablehnen, Verantwortung voll übernehmen, sind wir sehr einsam. Wir schließen uns damit aus der Gemeinschaft der Angepassten, Konditionierten aus, trennen uns innerlich von dieser großen Masse der Menschen, für die Unterordnung, Unterwerfung gleich Sicherheit ist.

Aus der Vision der Freiheit kann Furcht entstehen. Ich glaube, es gibt sowieso nichts auf der Welt, was wir Menschen mehr fürchten als die Einsamkeit. Niemand ist gerne alleine. Und wenn wir dann in dem Gefühl leben, dass wir uns von der kollektiven Anpassung ausgegliedert haben, erzeugt dies durchaus den Eindruck des Verlassenseins. Zwar haben nicht die Angepassten uns verlassen, wir haben uns von ihnen entfernt. Aber die Ursache der Trennung spielt am Ende für das Gefühl des Alleinseins keine Rolle. Dieser Furcht vor der Isolierung müssen Sie ins Gesicht sehen, wenn Sie wirklich frei sein wollen. Als Trost kann ich Ihnen mitgeben, dass diese Sicherheit, die durch Unterwerfung, durch Anpassung hervorgerufen wird, keine echte Sicherheit ist, es ist nur die Vorstellung davon. Wirkliche Sicherheit kann ein Mensch nur in der Freiheit des Geistes gewinnen, wenn er fähig geworden ist, die Wirklichkeit unvoreingenommen zu sehen, so wie sie ist, nicht so, wie die anderen ihm weismachen wollen, dass sie sei. Das Gefühl der Sicherheit durch Zugehörigkeit zu einem Kollektiv, gleich welcher Motivation oder Prägung, wird nur dadurch hervorgerufen, weil die treibenden Kräfte solcher Zusammenschlüsse es verstehen, der Masse zum eigenen Nutzen diesen Eindruck zu vermitteln.

Stellt sich dieses Gefühl des Alleinseins bei Ihnen ein,

dann nehmen Sie es an, als Teil von Ihnen, akzeptieren Sie es als wesenseigen und öffnen Sie sich mutig diesem Gefühl. Die Furcht schwindet dann. Und wenn Sie das Tao über *wu wei* hinaus auch in seiner Tiefe ausgelotet haben – die Erkenntnisse fließen Ihnen bei richtiger Einstellung von selbst zu –, werden Sie begreifen, dass Sie überhaupt nicht einsam sind. Sie erfahren dann vollinhaltlich, dass Sie eins sind mit der ganzen Welt, nichts ist mehr getrennt von Ihnen, alles gehört zu Ihnen und ist Ihr Teil. Sie sind das Ganze und können niemals ausgeschlossen, niemals verlassen oder alleine sein, eben weil die Dinge ohne trennende Funktion dazwischen unmittelbar zu Ihnen gehören – Sie *sind* alle Dinge. Abgesondert und, ohne es zu wissen, zutiefst einsam sind die meisten Menschen, weil sie abgetrennt sind von ihrem Selbst. Sie haben keine Beziehung zu sich, sie erfahren sich nur in Gestalt dieses synthetischen Gebildes von falschen Vorstellungen, das wir unser Ich nennen. Und damit ist allen Nöten, Ängsten, Sorgen, Leiden und der Verzweiflung über die Trostlosigkeit und Ausweglosigkeit der menschlichen Existenz Tür und Tor geöffnet. Und so unnötig, denn alles geschieht nur darum auf diese entsetzliche Weise, weil die Menschheit seit Jahrmillionen unwissend ist – und in dieser langen Zeit nichts hinzugelernt hat. Man ist in unseren Tagen so indoktriniert, dass alles, was nicht in das Leitbild des Wissens der Gesellschaft passt, verleugnet wird. Wie soll sich da auf breiter Ebene etwas ändern?

Jeder kann hier nur für sich alleine handeln, für andere kann er nichts tun. Allerdings: Vorleben können wir alle, Beispiel geben. Das mag wirken. Und so wie ein ganz bestimmter Tropfen das Fass zum Überlaufen bringt, ist es eine Frage der Zeit, wann genügend Menschen begriffen haben werden, wie schön und voller Freude unser Dasein von seiner ursprünglichen Bestimmung her sein kann. Das Leben als Selbstzweck, einfach, um da zu sein, sich seiner Existenz zu erfreuen, ist für uns heute fast undenkbar geworden. Überall sind wir beengt und eingeschränkt. Überall wird nach dem Nutzen von Handeln ausgeschaut. Es gibt beinahe nichts mehr, das Menschen ohne Motiv tun. Immer brauchen sie einen Anreiz, und je problematischer das Umfeld des Alltags wird, desto stärker müssen die Stimuli beschaffen sein.

Darum steigen Sie ein in diesen Stil, ohne Motiv zu leben. Handeln Sie durch Nichthandeln, durch Geschehenlassen. Vertrauen Sie der Dimension in Ihnen, die darauf wartet, dass Sie mit ihr bekannt werden. Öffnen Sie sich dieser jahrtausendealten Weisheit des Tao. Klammern Sie sich auch nicht an dem Namen Tao fest. Laotse sagte, das Tao, das man nennen kann, sei nicht das Tao. Damit hat er Recht. Namen sind Schall und Rauch. Der Gehalt macht's. Diesen können Sie erfahren. Machen Sie sich frei, gewinnen Sie Ihre kindliche Unschuld in der Betrachtung und Bewertung des Lebens zurück, hören Sie auf, sich korrumpieren zu lassen. Geben Sie Ihre ehrgeizigen Ziele auf, seien Sie künftig ohne Motiv. Sie werden alsdann erfahren, dass es sich so unbeschreiblich leicht lebt – und es gibt nichts, worauf Sie tatsächlich verzichten müssten. Lassen Sie mich mit einem alten chinesischen Liedertext dieses Buch beschließen:

Sobald die Sonne aufgeht, beginnen wir zu arbeiten;
sobald die Sonne untergeht, ruhen wir uns aus.
Wir graben den Brunnen, und wir trinken,
wir pflügen das Land, und wir essen –
was geht die Macht des Ti uns an?

(Ti ist der Begriff für geltende Gesetze)

Nachwort

Was ich bisher im vorliegenden Buch beschrieben habe, sind Tatsachen, die jeder erfahren kann, der sich die Mühe macht, die darin erteilten Ratschläge zu befolgen. Er wird sie durch eigene Erlebnisse und Erkenntnisse ergänzen – und wie beim Radfahren von selbst die Balance, die Symmetrie seines Lebens finden. Aber es gibt jenseits unseres Wissens Dinge, die wir bestenfalls erahnen können. Sie auszusprechen bringt uns automatisch in den Bereich der Spekulation. Aber da ich Ihnen so viele anwendbare Regeln mitgegeben habe, darf ich doch ganz am Ende auch ein wenig physisch-metaphysisch werden. Es gibt heute wissenschaftliche Erkenntnisse über unsere Materie und ihre Beschaffenheit, die in ihrer Tiefe noch nicht voll ausgelotet sind. Sie veranlassen den Beschauer zum Nachdenken, und ein unvoreingenommener Verstand, der bereit ist, sich neuen, ungewohnten Erkenntnissen zu öffnen, kann sich ein recht gutes Bild von den Möglichkeiten der objektiven Wirklichkeit unserer Schöpfung machen.

Bei subatomaren Versuchen in der Kernphysik hat sich herausgestellt, dass diese Prozesse nur dann ablaufen, wenn sie jemand beobachtet. Zwischen dem Beobachter und dem Ablauf des Versuchs besteht eine ganz enge Beziehung. Das Resultat des Versuchs ist vom Beobachter, vom Teilnehmer total abhängig. Ohne Bezugsperson läuft kein einziger nuklearer Prozess. Weiter mussten die Physiker erkennen, dass die kleinsten Elemente der Materie deutlich beweisen, dass Materie in der von uns wahrgenommenen Form überhaupt nicht existiert. Es handelt sich bestenfalls um Erscheinungen von Energie vor dem leeren Raum, der im Rahmen einer so genannten Feldtheorie als Ganzes den Hintergrund für die materielle Schöpfung bildet. Und vor diesem Hintergrund absoluter Leere spielt sich ein Geschehen ab, das alle seitherigen Auffassungen des Schöpfungsprozesses auf den Kopf stellt. Bestandteilchen des Atomkerns entstehen und vergehen und erneuern sich wieder in Intervallen von Zeiteinheiten der Lichtgeschwindigkeit, innerhalb von billionstel Sekunden. Da gibt es nichts Beständiges, Festes. Alles, was Materie ausmachen könnte, ist ununterbrochen in Bewegung, einbezogen in einen Prozess von ungeheuer schnellem Verfall und Neuerstehen. Bedeutsam ist noch eine Schlussfolgerung der Kernphysik: Die kleinsten Energiepartikel der Materie lassen sich nicht als Bestandteil eines bestimmten Objekts oder Gegenstands fixieren. Sie sprengen jeden zeitlichen und räumlichen Rahmen. Es gibt in Wirklichkeit (nachweisbar) keine Teilchen, die zum Beispiel zu einem Stück Holz direkt gehören, zu einem Auto oder dem Mond. Die Energieeinheiten, die der Wissenschaftler als Wahrscheinlichkeit subatomarer Teilchen bezeichnet, beziehen sich grundsätzlich auf das gesamte Universum, niemals auf ein einzelnes Objekt. Und damit wird seitens einer anerkannten wissenschaftlichen Disziplin bestätigt, was die alten Weisen Chinas und überhaupt des Ostens seit Jahrtausenden schon wussten: Das Universum ist ein einziger Organismus aus einer Unsumme von Erscheinungen, die sich gegenseitig wechselwirkend beeinflussen.

Schöpfung ist also die Leere des Raums, das Absolute, in dem potenziell alle von uns wahrnehmbaren Erscheinungen ruhen. Ich glaube, dass wir Menschen ohne unser Wissen und ziemlich unfreiwillig einen wesentlichen Beitrag zum schöpferischen Prozess leisten. Das Universum scheint den Erkenntnissen nach gar nicht in Form von Materie vorhanden zu sein, seit x Millionen Jahren. Es handelt sich vielmehr lediglich um den Bauplan des Universums, der in einer Art DNS-Protokoll im menschlichen Gehirn verankert ist und sich im Verlauf der Evolution mit den Gehirnen der Menschheit entsprechend verändert. Das Universum ist weder allmählich von alleine aus sich selbst heraus entstanden, noch ist es in einem einzigen, einmaligen Akt irgendwann erschaffen worden. Es existiert in Form eines permanenten Prozesses, der ununterbrochen in der Gegenwart abläuft, und zwar unter Mitwirkung von uns Menschen. Wir selbst erschaffen tagtäglich, jeden Augenblick durch die Mittel unserer Wahrnehmung die Materie, dieses flüchtige Gebilde, diese Illusion aus purer Energie. Wir sind uns dieses Vorgangs nicht bewusst, und unser Verstand hat (Gott sei Dank) keinen Einfluss auf das Geschehen. Aber die Schaffung von Materie gehört offenbar mit zu jenen menschlichen Fähigkeiten, auf die er über Denkvorgänge keinen Zugriff besitzt.

Wenn jeder Mensch sein Universum pausenlos mittels seiner ungewollten Interaktion in lichtgeschwinden Intervallen entstehen und sich wandeln lässt, dann erschafft er permanent sich selbst und seine Mitmenschen. Besieht man sich dieses Paradox genau und liest dann in den buddhistischen Sutren das Gleichnis vom Netz der Indra, in dem der Vorgang der Schöpfung aus der Sicht eines erleuchteten Menschen beschrieben wird, dann erhellen sich die Dinge ein wenig. Dieses Gleichnis vergleicht das Universum mit einem gewaltigen Netz. Und an jedem Knotenpunkt dieses Netzes befindet sich eine Perle. Und in jeder dieser Perlen spiegeln sich alle anderen Perlen des Netzes. Setzen wir für die Perlen je einen Menschen ein und nehmen den oben skizzierten Prozess, dann ist in jedem von uns die ganze Menschheit potenziell enthalten, wir bilden mit ihr und dem Rest der Schöpfung diese geschlossene Einheit, von der immer die Rede ist, wenn uns das Nichtunterscheiden, das Nichttrennen der wahrgenommenen Erscheinungen anempfohlen wird.

Und hinter allem steht das Tao, alles birgt das Tao in sich, die Erscheinungen der Natur ebenso wie wir Menschen. Im Grunde gibt es nichts anderes als das Absolute, das in diesem Buch und seit alters das Tao genannt wird. Wir sind das Tao, und das Tao ist wir. Es ist die Seele der Menschheit, aber nicht auf die Weise, dass jeder Mensch eine eigene Seele besitzt, es ist eine einzige Seele, die allen Menschen kollektiv gehört. Dennoch geht der Individualismus des Einzelwesens nicht verloren. Aber der Einzelne wäre fähig, am Wissen und Fühlen des Ganzen teilzuhaben, er könnte sich in seinem Bewusstsein kollektiv integrieren und sein Leben als das der ganzen Menschheit auffassen: *und* erfahren. Ich will dieses Phänomen mit einem Bienenvolk vergleichen. Dieses bildet einen einzigen Organismus, der aus zahllosen einzelnen Lebewesen besteht, die in relativ kurzen Zeitabständen absterben und immer wieder neuer Brut Platz machen, die sich in diesen Zyklus eingliedert. Aber das ganze Bewusstsein des Volkes ist jeder Biene eigen, es ist ein Lebewesen für sich mit vielen Körpern. Dieser Vergleich würde auch das Phänomen von Leben und Tod, von Geburt und Sterben im menschlichen Dasein von einer anderen Warte aus beleuchten. Die Gattung Mensch ist ein Wesen. Wer frei ist von den Bindungen seines Ichs, sollte in der Lage sein, die Existenz dieser Gattung kosmischer Lebewesen als Ganzes zu erfahren. Sterben dann Körper ab, so werden neue geboren. Das Bewusstsein aller Menschen bleibt ständig innerhalb der lebenden Wesen bewahrt, sodass Tod nur ein Abfallen am Rande und Geburt ein Ergänzen des Körpers mit neuen Zellen bedeutet. Wir hindern uns selbst durch das Festhalten am eigenen Ego an der Teilnahme am kollektiven Geist. Da es außer diesem Organismus, in dem wir Teilchen sind, nichts gibt in der Schöpfung als das, was ich Tao nenne, wird auch klar, was mit dem Menschen nach seinem Tode geschieht. Hier ist er Ich (und könnte Selbst sein). Stirbt er, stirbt das Ich, weil es Materie ist, aufgebaut auf Erinnerungen, die das Gehirn für ihn speichert, welches selbst Materie und damit vergänglich ist. Zwangsläufig wird der Mensch dann wieder in seinem veränderten Aggregatzustand das, was er vor der Geburt, als Ungeborener war: das Tao. Dann weiß er wieder kollektiv, was Leben als großer Organismus ist.

Wer hier während seiner Lebenszeit das Tao verwirklicht und Erleuchtung erlangt, wie ich es beschrieben habe, der wird die Welt als Ganzes wahrnehmen, so wie andere, die nicht erleuchtet sind, es nur vor ihrer Geburt und nach ihrem körperlichen Tode erfahren. So, meine ich, ist der Kreislauf der Schöpfung.

Mehr Information über Theo Fischer unter:
www.tonundtao.de

Bibliographie

Fritjof Capra: *Das Tao der Physik*, München 1984

Chung-yuan Chang: *Tao, Zen und schöpferische Kraft*, Köln 1987, Diederichs

Dschuang Dsi: *Das wahre Buch vom südlichen Blütenland*, O.W. Barth, Köln 1969, Diederichs

E. Fromm, D.T. Suzuki: *Zen-Buddhismus und Psychoanalyse*, Frankfurt 1976, Suhrkamp

Arno Gruen: *Der Verrat am Selbst*, München 1986, dtv

J. Krishnamurti: *Einbruch in die Freiheit*, Ullstein Taschenbuch 34103

Laotse: *Tao te king*, Interlaken 1988

Alan Watts: *Der Lauf des Wassers*, Frankfurt 1982, Suhrkamp

Richard Wilhelm: *I Ging. Das Buch der Wandlungen*, Köln 1956, Diederichs